岩溶山区森林转型研究:贵州案例

赵宇鸾 著

科学出版社

北京

内 容 简 介

本书首先介绍了贵州省森林转型概况、贵州省森林转型的时空演变特征及其机制、林地分布地形梯度效应、国家森林城市遵义市和岩溶山区的森林空间形态与功能形态转型机理；然后从产品稀缺路径和经济增长路径探讨了赤水市、沿河土家族自治县森林转型案例，在微观层面分析了森林转型的农户土地利用决策行为因素；最后对未来森林转型趋势进行了情景模拟，并提出了岩溶山区森林转型研究的政策启示和展望。

本书可供地理学、土地资源管理、喀斯特生态环境保护等学科研究人员及有关高等院校师生参考。

审图号：黔 S（2023）012 号

图书在版编目（CIP）数据

岩溶山区森林转型研究：贵州案例／赵宇鸾著 . —北京：科学出版社，2023.9

　ISBN 978-7-03-073659-8

　Ⅰ . ①岩… 　Ⅱ . ①赵… 　Ⅲ . ①岩溶区–林业经济–转型经济–研究–贵州 　Ⅳ . ①F326.22

中国版本图书馆 CIP 数据核字（2022）第 205140 号

责任编辑：李晓娟　王勤勤／责任校对：严　娜
责任印制：徐晓晨／封面设计：无极书装

科 学 出 版 社 出版
北京东黄城根北街 16 号
邮政编码：100717
http://www.sciencep.com

北京虎彩文化传播有限公司 印刷
科学出版社发行　各地新华书店经销

*

2023 年 9 月第 　一 　版　开本：720×1000　1/16
2023 年 9 月第一次印刷　印张：7 3/4
字数：200 000

定价：138.00 元
（如有印装质量问题，我社负责调换）

前　言

　　森林转型是推动绿色发展、促进人与自然和谐共生的重要路径。研究森林转型对岩溶山区石漠化治理、植被恢复、生态建设和经济社会高质量发展等具有积极作用，可深化对"绿水青山就是金山银山"理念的认识，同时为促进乡村振兴、建设美丽中国的区域发展路径选择提供参考。

　　本书以贵州省林地作为研究对象，借助空间信息学、农户经济学、数理统计学、土地经济学等理论与方法，对贵州遵义市、沿河土家族自治县等县市开展野外调研，获取农户土地利用数据 560 余户，收集大量社会经济统计数据和土地利用规划数据等资料，对贵州岩溶山区森林转型机制进行研究。本书首先介绍森林转型的研究现状和贵州省森林转型概况、贵州省森林转型的时空演变特征及其机制、林地分布地形梯度效应、国家森林城市遵义市和岩溶山区的森林空间形态与功能形态转型机理；然后以赤水市、沿河土家族自治县为案例区，从产品稀缺路径和经济增长路径探讨森林转型案例，并从微观农户的视角分析森林转型的农户土地利用决策行为因素；最后对未来森林转型趋势进行情景模拟，提出岩溶山区森林转型研究的政策启示和展望。

　　本书作者现为贵州师范大学地理与环境科学学院、喀斯特研究院教授，贵州师范大学中国式现代化研究院研究员、博士生导师。本书出版得到了国家自然科学基金委员会和国家喀斯特石漠化防治与绿色发展技术创新中心建设项目（黔科合中引地〔2023〕005）的资助。感谢在本书出版工作中给予帮助和支持的领导、同事，感谢硕士研究生董顺舟、旷成华、黄登科、赵佳的协助。因能力所限，本书难免存在不足之处，也恳请广大读者给予批评指正。

2022 年 10 月 27 日于贵阳

| 目　　录 |

| 第 1 章 | 绪　　论

1.1　森林转型相关研究进展

1.1.1　森林转型概念

　　土地利用与土地覆盖变化（land use and land cover change，LUCC）及其驱动机制一直是土地变化科学研究的核心[1]。近年来对土地利用变化的研究，学术界总结出一些规律性的认识，其中"森林转型"或"土地利用形态转型"认可度最大[2]，这是土地利用变化科学综合研究的新途径[3]，具有较强的理论意义。不仅如此，森林转型研究也有很强的现实需求。有学者认为，在山区生态建设保护形势严峻和生态文明建设背景下，森林转型是水土保持、农林产品发展、森林旅游等生态产业兴起和生态宜居乡村建设的重要选择，是山区乡村振兴乃至区域可持续发展的重要路径和方向[4]。在岩溶（喀斯特）山区，由于特殊的地质背景、自然条件，其乡村生态环境保护和经济社会发展问题显得更为突出[5]。因此，乡村振兴背景下喀斯特山区森林转型研究应受到更多的关注。

　　"森林转型"是英国地理学家 Mather 于 20 世纪 90 年代初提出的关于土地利用长期变化的一个规律，指一个国家或地区经济社会发展阶段变化下森林面积逐渐从净减少变为净增加，发生趋势性转折，其森林面积随时间的变化呈现出 U 形曲线的形态[6,7]。法国[8]和瑞士[9]等欧洲发达经济体，越南等亚洲发展中经济体[10]，墨西哥[11]和巴西[12]等美洲发展中经济体，均发生过森林转型。为分析森林转型的原因，Grainger 等将 U 形曲线划分为转型前的森林面积减少与其后增加两个阶段[13]：前一个阶段森林面积减少的直接原因是农业用地面积扩张，而后一个阶段森林面积增加的驱动力有"经济增长路径"和"森林短缺路径"两条典型路径[14-16]。学者还为两条路径寻求经验证据，指出希腊、爱尔兰、葡萄牙等欧洲经济体森林转型符合"经济增长路径"，而孟加拉国、印度等亚洲经济体森林转型与"森林短缺路径"一致[4]。已有研究发现，中国的森林转型发生在 1980 年前后[17,18]，但关于森林转型的案例研究较少[19-21]。

　　我国西南尤其是贵州岩溶山区面积广大，生态环境脆弱，城乡经济社会发展水平较低，巩固脱贫攻坚成果任务重，探索岩溶山区森林转型及其驱动力对区域生态环境的改善、山区人民生活质量的提高、生态产业的发展非常关键。以贵州省为例，本书将厘清岩溶山区森林转型过程及其影响因素，为促进岩溶山区植被恢复与重建，实现山区巩固脱贫攻坚成果，有效衔接乡村振兴战略提供参考。

1.1.2　森林转型的路径和类型

　　森林转型的"经济增长路径"和"森林短缺路径"是森林面积增加的典型路径[15,16]。如图 1-1 所示，"经济增长路径"是指一个国家或者地区城镇化时期经济增长创造了非农就业机会，使农村动力发生城乡迁移，离开农业进入非农岗位就业，农户生计对土地资源的依赖性降低，劣质农地可退出农业生产，发生农地边际化现象，结果是部分耕地撂荒甚至恢复为森林。"森林短缺路径"是指一

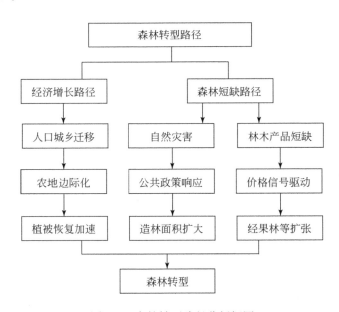

图 1-1　森林转型路径分析框图

个国家或地区经济增长过程中社会对林木产品的需求增加，林木产品价格信号驱动经果林、竹林等人工林面积快速扩张。此外，政府在生态环境领域的公共政策也是森林面积增加的重要驱动力，公共政策是政府对水土流失、自然灾害等环境和生态保护压力采取的相应措施，如造林、植被封禁等项目实施，其目标指向是提高土地水土保持、自然景观等土地生态系统服务能力，因此，可以认为土地生态系统服务的这种森林产品短缺驱动了森林面积增长，属于广义上的"森林短缺路径"。

区域土地农业与森林用途间的转变，决定于其地租的高低。根据地租理论，土地资源总是倾向于分配给地租产出能力最高的用途。在转型前的森林面积下降阶段，就是农地地租不断上升的过程；而森林转型的两种路径中，经济增长路径是农地地租下降的过程，森林短缺路径则是林地地租上升的过程。关于地租（r）变化的原因，可通过式（1-1）来分析[2]：

$$r=py-wl-qk-c-vd \tag{1-1}$$

式中，y 为土地利用产品的产量；p 为其价格；l 和 k 分别为劳动力和资本投入；w 为工资；q 为利润；c 为维护土地产权（或保育土地质量）的成本；d 与 v 分别为距离中心市场的距离及运费。林产品价格（$p_林$）的上涨，促使林地地租上升。在农林交错带，当 $r_农 \leq r_林$ 时，耕地转变为林地就成为可能。农地利用往往比林业需要更多的劳动投入。在人口城镇化快速发展特别是刘易斯拐点出现以后，劳动力工资的上升会不断压低农地地租。当 $r_农 \leq 0$ 时，即土地不再具有农业利用价值，便出现弃耕抛荒的情况，沦为边际外土地。

森林转型不仅有前述数量上的变化，即森林在空间上的收缩和扩张；也有森林质量上的变化，即森林质量由低效林向优质林变化。某一国家或地区城镇化、工业化发展过程中林地在空间分布（数量结构）和森林质量状况所发生的趋势性变化，包括森林空间形态转型（space transition of forest land，STFL）、森林功能形态转型（function transition of forest land，FTFL）两方面特征[22]。森林空间形态转型表示为区域林地面积发生的趋势性变化。森林功能形态可以表示为单位面积林地或森林提供的林木产品、森林旅游产品和固碳释氧、水土保持等森林生态系统服务功能的价值，反映了区域森林经营管理状况和开发利用水平，影响了区域森林生态系统服务的供给能力。森林功能形态转型是区域林地功能发生的趋势性变化。

1.2 贵州省森林转型概况

1.2.1 贵州省概况

　　贵州南邻广西、西连云南、北接四川和重庆，土地总面积约 17.6 万 km^2，属于中国西南部高原山地，境内地势西高东低，自中部向北、东、南三面倾斜，平均海拔在 1100m 左右。贵州是中国喀斯特地貌的集中分布区之一，喀斯特地貌出露面积为 10.91 万 km^2，约占全省土地总面积的 62%[23]，属于《全国生态脆弱区保护规划纲要》划定的西南岩溶山地石漠化生态脆弱区。伴随着改革开放以来经济社会的快速发展，"天然林保护"等林业工程的实施，黔西南布依族苗族自治州"顶坛模式""坪上模式""晴隆模式"三大生物治理石漠化模式的探索[24]，以及遵义西北部竹海和东部茶海、花卉、森林旅游、乡村生态旅游等与林业相关产业的发展，贵州森林面积逐渐增加，森林覆盖率从 1984 年的 12.58%增长到 2015 年的 43.77%，森林转型特征明显。

1.2.2 贵州森林转型曲线

　　根据全国九次森林资源调查数据（表 1-1），1975~2015 年，贵州省森林覆盖率、森林面积和森林蓄积量变化显著，呈现出 U 形曲线的形态（图 1-2）。将图 1-2 中 U 形曲线划分为森林面积转型前净减少和转型后净增加两个阶段，其转折发生在 1984 年，前一阶段森林面积从 1975 年的 256.00 万 hm^2 减少到 1984 年的 222.06 万 hm^2，导致森林覆盖率从 14.50%减少到 12.58%；后一阶段森林由萎缩转向扩张，从 1984 年的 222.06 万 hm^2 快速增长到 2015 年的 771.00 万 hm^2，同时森林覆盖率也呈增加趋势，从 12.58%上升到 43.77%。从森林蓄积量来看，其变化趋势与森林面积变化一致，但森林蓄积量由净减少到净增加的转折发生的时间点为 1990 年，较森林面积转折时间点滞后，前一阶段森林蓄积量从 1975 年的 12 510.00 万 m^3 减少到 1990 年的 9391.18 万 m^3；后一阶段森林蓄积量从 1990 年的 9391.18 万 m^3 上升到 2015 年的 39 381.00 万 m^3。综上，贵州森林转型发生的时间点在 20 世纪 80 年代，这与全国森林转型发生时间点基本吻合[2]。

表 1-1　1975～2015 年全国九次森林资源调查的贵州省森林覆盖率、
森林面积和森林蓄积量统计

指标	1975 年	1979 年	1984 年	1990 年	1995 年	2000 年	2005 年	2010 年	2015 年
森林覆盖率 /%	14.50	13.10	12.58	14.75	20.81	23.83	31.61	37.09	43.77
森林蓄积量 /万 m³	12 510.00	12 640.50	10 801.03	9 391.18	14 050.18	17 795.72	24 007.96	30 076.43	39 381.00
森林面积 /万 hm²	256.00	230.93	222.06	260.28	367.31	420.47	556.92	653.35	771.00

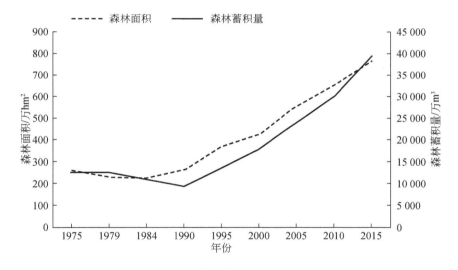

图 1-2　1975～2015 年全国九次森林资源调查中贵州森林面积和森林蓄积量

1.3　本书的研究内容

全书共分为 7 章：第 1 章主要介绍了森林转型的研究现状和贵州省森林转型概况等；第 2 章主要介绍了贵州省森林转型的时空演变特征、林地分布地形梯度效应和林地演化驱动机制；第 3 章主要介绍了国家森林城市遵义市、黔桂岩溶山区的森林空间形态和功能形态转型；第 4 章和第 5 章分别以赤水市、沿河土家族自治县为案例区，从产品稀缺路径和经济增长路径探讨了森林转型发展案例，并从微观农户的视角分析了森林转型的农户土地利用决策行为因素；第6章对未来2025年森林转型趋势进行了情景模拟；第7章介绍了岩溶山区森林转型研究的政策启示和未来展望。

参 考 文 献

［1］ 李秀彬．全球环境变化的核心领域［J］．地理学报，1996，51（6）：553-558.

［2］ 李秀彬，赵宇鸾．森林转型、农地边际化与生态恢复［J］．中国人口·资源与环境，2011，21（10）：91-95.

［3］ Grainger A. The forest transition：an alternative approach［J］．Area，1995，27（3）：242-251.

［4］ Rudel T, Coomes O T, Moran E, et al. Forest transitions：towards a global understanding of land use change［J］．Global Environmental Change，2005，15（1）：23-31.

［5］ Clements G R, Sodhi N S, Ng P, et al. Limestone karsts of Southeast Asia：imperiled arks of biodiversity［J］．BioScience，2006，56（9）：733-742.

［6］ Mather A S. Global Forest Resources［M］．London：Bellhaven Press，1990.

［7］ Mather A S. The forest transition［J］．Area，1992，24（4）：367-379.

［8］ Mather A S, Fairbairn J, Needle C L. The course and drivers of the forest transition：the case of France［J］．Journal of Rural Studies，1999，（15）：65-93.

［9］ Mather A S, Fairbairn J. From floods to reforestation：the forest transition in Switzerland［J］．Environment and History，2000，6：399-421.

［10］ Mather A S. Recent Asian forest transitions in relation to forest-transition theory［J］．International Forestry Review，2007，（9）：491-501.

［11］ Kloostera D. Forest transitions in Mexico：institutions and forests in a globalized countryside［J］．The Professional Geographer，2003，55（2）：227-237.

［12］ Perz S G, Skole D L. Secondary forest expansion in the Brazilian Amazon and the refinement of forest transition theory［J］．Society and Natural Resources，2003，（16）：277-294.

［13］ Barbier E D, Burgess J C, Grainger A. The forest transition：towards a more comprehensive theoretical framework［J］．Land Use Policy，2010，27（2）：98-107.

［14］ Aide T M, Grau H R. Globalization, migration, and Latin American ecosystems［J］．Science，2004，305：1915-1916.

［15］ Lambin E F, Meyfroidt P. Land use transitions：socio-ecological feedback versus socio-economic change［J］．Land Use Policy，2010，27（2）：108-118.

［16］ Bae J S, Jooa R W, Kimc Y S. Forest transition in South Korea：reality, path and drivers［J］.

Land Use Policy, 2012, 29: 198-207.

[17] Lambin E F, Meyfroidt P. Global land use change, economic globalization, and the looming land scarcity [J]. PNAS, 2011, 108 (9): 3465-3472.

[18] Fang J, Chen A, Peng C, et al. Changes in forest biomass carbon storage in China between 1949 and 1998 [J]. Science, 2001, 292: 2320-2322.

[19] 许建初. 全球林业转型研究 [J]. 科学观察, 2009, 4 (6): 50-51.

[20] 刘璨, 吕金芝. 中国森林资源环境库兹涅茨曲线问题研究 [J]. 制度经济学研究, 2010, (2): 138-161.

[21] 李凌超, 刘金龙, 许亮亮. 森林转型——一个研究综述 [J]. 林业经济, 2012, (10): 98-103.

[22] 向敬伟, 李江风, 曾杰. 鄂西贫困县耕地利用转型空间分异及其影响因素 [J]. 农业工程学报, 2016, 32 (1): 272-279.

[23] 高贵龙, 邓自民, 熊康宁, 等. 喀斯特的呼唤与希望——贵州喀斯特生态环境建设与可持续发展 [M]. 贵阳: 贵州科技出版社, 2003.

[24] 苏维词, 杨华. 典型喀斯特峡谷石漠化地区生态农业模式探析——以贵州省花江大峡谷顶坛片区为例 [J]. 中国生态农业学报, 2005, 13 (4): 217-220.

第 2 章　贵州省森林转型的演变特征

贵州省地形空间分异大，经济社会发展水平和土地利用格局也存在显著的区域差异。基于土地利用数据和社会经济数据，运用土地利用转移矩阵、景观格局指数等方法分析贵州省林地的动态变化特征，并通过灰色关联模型探讨影响林地变化的因素。

2.1　研究方法和数据处理

2.1.1　数据来源与处理

地表覆盖数据采用中国科学院空天信息创新研究院发布的 2000 年、2010 年和 2020 年全球 30m 地表覆盖数据（http：//data. casearth. cn）[1]。气象数据来源于中国科学院资源环境科学与数据中心（http：//www. resdc. cn），空间分辨率为 1km×1km。DEM 数据来自地理空间数据云（https：//www. gscloud. cn/），空间分辨率为 30m。平均海拔、坡度均运用 ArcGIS 软件空间分析模块对 DEM 进行提取。贵州省行政边界数据来源于国家基础地理信息中心（http：//www. ngcc. cn）。社会经济数据来源于贵州省及相关市、州相应年份的统计年鉴与国民经济和社会发展统计公报。

2.1.2　研究方法

1. 指标选取

结合贵州省自然环境与社会经济条件，选择坡度、降水、海拔、GDP、工业增加值、城镇化率、常住人口、农业机械总动力、旅游总收入、公路通车里程、林业总产值、人造林面积 12 个指标，探测贵州森林转型的驱动机理[2,3]。

2. 景观格局指数

景观格局指数是定量化表达森林景观信息的工具。研究选取类型尺度上的斑块数量（NP）、斑块密度（PD）、面积分维数（AFRAC）、平均斑块面积（AREA-MN）和景观百分比（PLAND）5 个指标，采用 Fragstats 4.2 软件计算得出各指数值，具体的运算公式和生态学意义见参考文献［4］。

3. 土地利用转移矩阵

土地利用转移矩阵能定量反映各种地类与林地之间的相互转移量及方向，提取并绘制贵州省土地利用的转移矩阵桑基图[5]，可直观反映森林的变化情况。公式如下：

$$S_{ij} = \begin{Bmatrix} S_{11} & S_{12} & \cdots & S_{1n} \\ S_{21} & S_{22} & \cdots & S_{2n} \\ \vdots & \vdots & \ddots & \vdots \\ S_{n1} & S_{n2} & \cdots & S_{nn} \end{Bmatrix} \tag{2-1}$$

式中，S 代表面积；n 代表土地利用类型数；i 和 j 代表研究初期与末期的土地利用类型。

4. 林地利用图谱模型构建

1）建立土地利用变化图谱

借鉴图谱代码融合方法[6]，将相邻两期土地利用栅格数据进行代码运算，计算公式如下：

$$D = 100M + N \tag{2-2}$$

式中，D 为新生成的编码值，即土地利用图谱单元类型；M 为前期的土地利用类型编码值；N 为后期的土地利用类型编码值，以此获取研究区不同阶段的土地利用变化图谱。

2）建立土地利用变化模式图谱

结合贵州土地利用图谱单元的变化特征[7]，将土地利用变化模式图谱划分为5 种类型：①前期变化型图谱，指土地利用类型只在 2000～2010 年发生转移的图谱类型；②后期变化型图谱，指土地利用类型只在 2010～2020 年发生转移的图谱类型；③反复变化型图谱，指土地利用类型只在 2010 年发生转移，2000 年和 2020 年土地利用类型相同的图谱类型；④持续变化型图谱，指土地利用类型在 2000～2020 年持续发生变化的图谱类型；⑤稳定型图谱，指土地利用类型在三个时期均未发生变化的图谱类型。具体计算公式为

$$N = 100A + 10B + C \tag{2-3}$$

式中，N 表示研究阶段内土地利用演替变化新的图谱单元栅格图；A、B、C 分别表示 2000 年、2010 年、2020 年的土地利用图谱单元栅格属性值。

5. 地形分布指数

地形分布指数（P）用于描述各类型国土空间在不同地形梯度上的分布情况[8]，它能够有效地消除地形区段和国土空间面积差异带来的影响，表示不同国土空间的分布优势（表 2-1）。其计算公式为

$$P = \left(\frac{S_{ie}}{S_i}\right) \times \left(\frac{S}{S_e}\right) \tag{2-4}$$

式中，S_{ie} 表示 e 地形区间上 i 地类国土空间的面积；S_i 表示 i 地类的总面积；S 表示区域总面积；S_e 表示 e 地形区间的总面积。若 $P>1$，表示 e 地形区间上 i 地类的分布具有优势，反之则处于劣势，P 越大优势度越高，若 $P=1$，表示 e 地形区间上 i 地类占比与研究区内该地类的占比相等。

表 2-1　贵州省不同地形因子分类

海拔界限/m	级别	坡度界限/(°)	级别
<500	1	5	1
500～1000	2	5～15	2
1000～1500	3	15～25	3
1500～2000	4	25～35	4
>2000	5	>35	5

6. 灰色关联度分析

灰色关联度分析是衡量因素间关联程度的多因素统计分析方法[9,10]。采用灰色关联度来表征森林转型和自然、人文因素之间的相互关联程度。计算公式如下：

$$\delta_i = \rho\varphi_i + (1-\rho)\gamma_i, \quad \rho \in [0,1] \tag{2-5}$$

式中，δ_i 为灰色综合关联度，其值越大，关联性越大，反之亦然；φ_i 为灰色绝对关联度；γ_i 为灰色相对关联度；ρ 为分辨系数，取 $\rho = 0.5$。

2.2 贵州省森林转型特征

2.2.1 森林转型的时空特征

2000～2020 年贵州林地面积扩张趋势明显（图 2-1），2000 年、2010 年、2020 年三个时期林地面积分别为 116 782.39km²、117 252.42km² 和 117 526.32km²。随着时间的推移，林地面积动态度呈增大趋势，但变化程度有所减弱，2000～2010 年林地增量为 470.03km²，2010～2020 年为 273.90km²。总的来说，贵州生态环境趋于稳定。

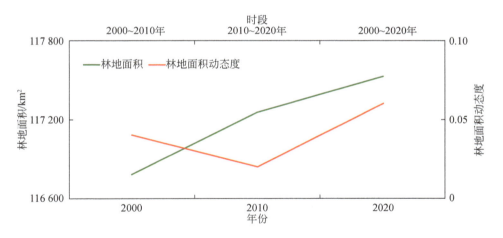

图 2-1 2000～2020 年贵州省林地面积变化

从景观水平上看，在所有土地类型中，林地 PLAND 最大，且由 2000 年的 55.15 增至 2020 年的 56.72（图 2-2），表明林地是全域最主要的景观类型，且其 NP 和 PD 分别由 17 917 个、0.1016 个/hm² 增至 18 145 个、0.1025 个/hm²，数量和密度的提升说明林地景观面积增大，但细碎化程度变高，由于林地易被生产、生活等活动分割和占用，连片的林地被切割变小的现象增多，从而导致 NP 逐渐增多；AREA-MN 和 AFRAC 分别由 543.04hm² 、1.541 增至 553.42hm² 、1.545，说明林地景观面积扩大，形状趋于复杂。

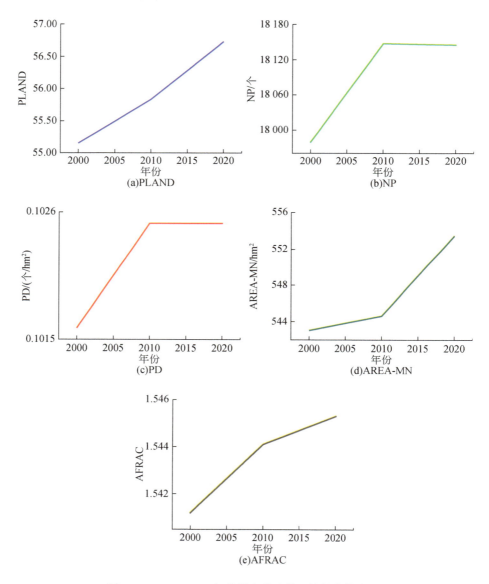

图 2-2　2000～2020 年贵州省林地景观格局指数变化

如图 2-3 所示，林地扩张区域主要位于黔西南布依族苗族自治州、黔南布依族苗族自治州和安顺市，以黔西南布依族苗族自治州东南部的册亨县、望谟县、贞丰县，黔南布依族苗族自治州南部罗甸县、三都水族自治县、平塘县、荔波县和独山县，安顺市镇宁布依族苗族自治县、关岭布依族苗族自治县，铜仁市松桃苗族自治县、沿河土家族自治县为主。林地收缩较明显的区域主要有贵阳市、遵义市、黔东南苗族侗族自治州。以贵阳市云岩区、南明区，遵义市红花岗区和黔东南苗族侗族自治州榕江县、天柱县和施秉县为主，这些区域多为地形相对平坦的地区，适宜农业生产或工业建设，建设用地或农业用地扩张较明显，林地面积减少趋势较明显。

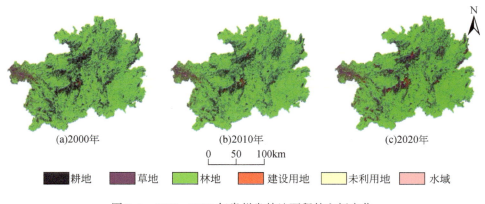

图 2-3　2000 ~ 2020 年贵州省林地面积的空间变化

2.2.2　林地转移的时空特征

1. 林地转移的时间特征

贵州省以耕地、林地为主，林地占比最大，约占全省面积的 66%。根据土地利用转移矩阵，林地和耕地之间的相互流转行为最明显（图 2-4），林地的增长主要接收耕地的流入，其次是草地。耕地、草地变为林地的面积分别为 8449.25km²、1340.88km²。从分时段看，2000 ~ 2010 年，以林地接收其他类型用地流入的现象为主，耕地为主要流入类型，转入林地的面积为 8343.40km²，这可能是生态退耕政策实施的结果。从林地的流出行为看，林地主要转变为耕地、草地、水域和建设用地，流出面积分别为 7660.63km²、1492.39km²、87.70km² 和 38.65km²。2010 ~ 2020 年林地的流入仍然大于流出，林地面积基本保持稳定的增长趋势。但相比上一阶段，该时期林地接收其他类型用地流入的程度明显减弱，其中，耕地转为林地的面积显著降低，仅 943.80km²。林地流出以耕地、建设用地为主，流出面积分别为 516.75km²、98.56km²。在经济快速发展背景下，林地转为建设用地的现象普遍。总体上，2000～2020 年林地以流入为主，林地与耕地、草地之间的相互流转现象较明显，但程度减弱，林地转变为建设用地的现象趋于增强。

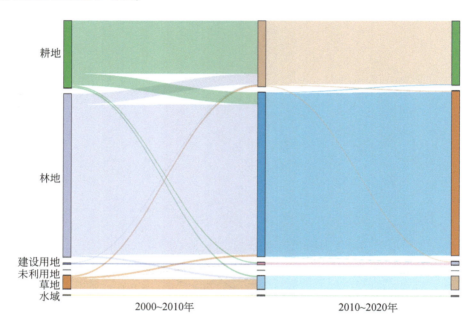

图 2-4 2000～2020 年贵州省土地类型转移

2. 林地转移的空间特征

在 2000～2020 年土地利用变化图谱中（图 2-5），共有 36 类土地利用图谱单元发生变化，在空间格局上存在较明显差异。林地→林地（编码 303）图谱单元类型变化最显著，在空间上分布广泛。其次，图谱变化较明显的还有林地和耕地的相互变换（编码 301、编码 103），该变换现象较普遍，分布广泛。林地→草地（编码 302）、草地→林地（编码 203）、集中分布在西部，以毕节市威宁彝族回族苗族自治县、赫章县，六盘水市钟山区、盘州市和黔西南布依族苗族自治州兴义市为主，是草地分布最密集的地带。林地→水域（编码 306），主要集中在黔东南苗族侗族自治州锦屏县、剑河县。林地→建设用地（编码 304），主要集中在贵阳市南明区、云岩区等。

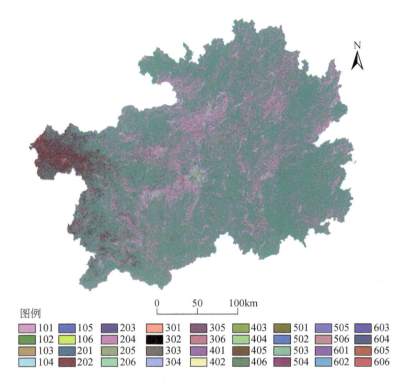

图 2-5　2000～2020 年贵州省土地利用变化图谱

编码 1～6 分别表示耕地、草地、林地、建设用地、未利用地、水域。图谱单元表示土地利用类型转换，编码由两种或三种转换的三级分类编码组合，如林地→耕地（编码 301）、林地→耕地→林地（编码 313）

2.2.3　林地变化模式特征

全省林地变化模式以前期变化型为主，稳定型次之，后期变化、反复变化和持续变化型图谱单元所占比例较小（图 2-6）。

前期变化型图谱总面积为 21 816.56km²，分布范围较广，总体表现出"西密东疏"的分布特征，相对集中分布在西部，包括毕节市、六盘水市和黔西南布依族苗族自治州，耕地→林地→林地（编码 133）和林地→耕地→耕地（编码 311）是主要的转移类型，转移面积分别为 8082.74km²、7043.44km²。其次变化较明显

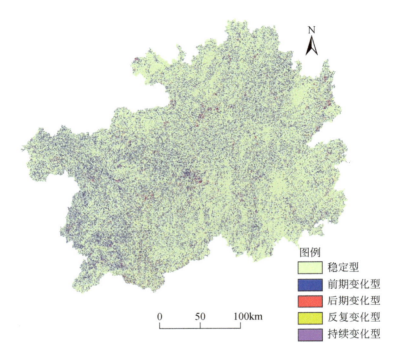

图 2-6 2000～2020 年贵州省土地变化模式图谱

的是林地和草地之间的相互转换，但总体以耕地、草地转为林地的现象更明显。林地的稳定扩张，不仅与该区环境保护实施的林业工程有关，还可能与贵州充分利用资源优势、大力发展林下经济有关。稳定型图谱总面积为 151 679.72km^2，分布范围广泛。后期变化型总面积为 1625.22km^2，以耕地→耕地→林地（编码113）、林地→林地→耕地（编码 331）为主要的转移类型，转移面积分别为364.79km^2、305.11km^2。其次是林地→林地→建设用地（编码 334）、林地→林地→草地（编码332）变化较明显，转移面积分别为 45.55km^2、40.06km^2。后期变化型主要分布在贵阳市中部的云岩区、观山湖区、南明区等，遵义市红花岗区、播州区、仁怀市等，安顺市西秀区、平坝区等，多为经济发展水平较高的区域，建设用地扩张过程中对林地造成侵占。反复和持续变化型总面积分别为872.07km^2、173.33km^2。反复变化型主要分布在贵州南部，主要集中在黔西南布依族苗族自治州南部册亨县、望谟县、贞丰县等区域，以林地→耕地→林地为主（编码313），面积为 570.974km^2。可能是黔西南布依族苗族自治州经济基础薄弱，以传统农业生产为主，早期环境保护意识不强，耕地扩张侵占林地，大量林地转为耕地。但随着经济林产业的发展和生态保护意识的增强,林地面积明显增加。持续变化型面积较少且分布不均,以耕地→林地→建设用地(编码134)为主要变化类型,面积为 44.55km²,相对集中于各市经济发展较好的区县,如贵阳市云岩区、南明区,毕节市七星关区、大方县,遵义市红花岗区、黔西南布依族苗族自治州兴义市、安龙县等,反映出城乡建设对林地的占用现象。

2.3 贵州省林地分布地形梯度效应

2.3.1 林地分布的坡度梯度效应

贵州省坡度>35°的区域属于林地的优势分布区(图 2-7),林地面积达到12 297.19km²,占比 6.98%。坡度<5°分布的林地面积最狭窄,林地面积仅3476.25km²,占比 1.97%。坡度>35°的区域主要分布在遵义市北部赤水市、桐梓县,黔南布依族苗族自治州、黔西南布依族苗族自治州和安顺市南部大片地区,这些区域以林地分布为主,总体地形崎岖,地形起伏较大,坡度较高。全省中西部安顺市、贵阳市地形相对平坦,林地占比较少,其中贵阳市的林地面积最小,占比仅2.35%,主要分布在开阳县、息烽县、清镇市等区域,云岩区、观山湖区等市辖区是全省林地面积最小的区域,这些区域地形相对平坦,

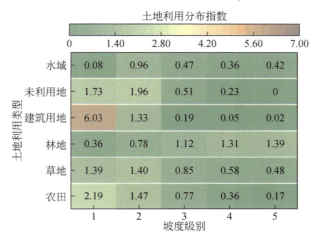

图 2-7 贵州省土地利用类型的坡度分布

经济较发达、城镇化水平较高，耕地和建设用地分布较广泛，生态用地空间相对较少。随着坡度的增加，林地面积逐步扩大，总体上，坡度对林地分布的限制较弱。

2.3.2 林地分布的海拔梯度效应

贵州省林地主要分布于 1000～1500m 海拔区（图 2-8），该区林地面积 49 124.94km²，占比 27.89%。全省南部和东部海拔总体位于 1000～1500m，林地主要分布于黔南布依族苗族自治州南部和黔东南苗族侗族自治州，主要是由于黔南布依族苗族自治州和黔东南苗族侗族自治州充分利用得天独厚的森林资源，大力发展林下经济，林业资源丰富。1500～2000m 海拔区林地分布也相对较多，主要集中于毕节市中东部的纳雍、织金、大方等地，随着海拔的增大林地呈现出先增多后减少的倒 U 形变化趋势，海拔>2000m 的区域林地分布最狭小，面积 3871.71km²，占比仅 2.20%。毕节市、六盘水市东部是海拔大于 2000m 最集中的区域，以草地分布为主。总体上，林地的垂直梯度差异较小，主要是人类生产、生活活动的海拔限制性较强，从而引起林地在垂直梯度上的变化。

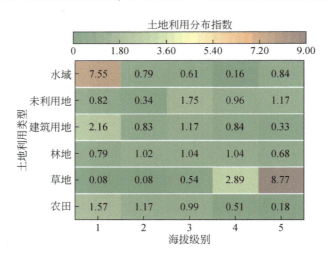

图 2-8 贵州省土地利用类型的海拔分布

2.4 贵州省林地演化驱动机制

使用灰色关联度分析方法确定 2000 ~ 2020 年影响贵州省森林转型的人文和自然因素（表2-2）。各因素与森林覆盖率变化的关联度大小依次是坡度>降水>城镇化率>海拔>旅游总收入>农业机械总动力>常住人口>GDP>公路通车里程>工业增加值>林业总产值>人造林面积。可见，影响森林转型最主要的自然因素是坡度，人文因素是城镇化率。

表2-2 贵州省森林转型的影响因素

指标名称	单位	灰色关联度
坡度	°	0.970
降水	mm	0.924
城镇化率	%	0.918
海拔	m	0.881
旅游总收入	亿元	0.856
农业机械总动力	万 kW	0.851
常住人口	万人	0.837
GDP	万亿元	0.808
公路通车里程	km	0.807
工业增加值	万亿元	0.788
林业总产值	亿元	0.756
人造林面积	万 hm^2	0.727

自然因素中，坡度、降水和海拔的影响均较突出，海拔对森林覆盖率提升的影响通过对土壤、水和热的影响以及由此对森林生长的影响来表示，水热条件是森林生长的基本条件，是影响林地空间分布格局的重要因素，对森林覆盖率具有重要影响。贵州坡度>5°的区域占全省总面积的90%，地形坡度较大，人类活动相对集中在平缓地区，坡度越小的区域越是生产、生活的优势区位，随着坡度升高，人们从事农业和其他生产建设活动的难度增大，林地面积随之增加。

人文因素中，城镇化率、旅游总收入、农业机械总动力和常住人口是影响林地转型的关键因素。这一结果是由于：①经济快速发展增加非农就业机会，农民生计的非农业化改变了能源消费结构，人类对植被的干扰减少，从而促进森林恢复；②经济发展有利于改善农产品和林业产品的消费结构，促进园艺作物种植，从而加快森林覆盖率的提高；③提升农业技术有利于促进耕地集约利用，避免耕地扩张对林地侵占，同时农业机械的有效应用能够显著提高林业生产的效率，推动林业的可持续发展，提高植树造林的积极性。

2.5　本章小结

　　基于土地利用数据和社会经济数据，运用土地利用转移矩阵、景观格局指数等方法分析贵州林地的动态变化特征，并通过灰色关联模型探讨影响林地变化的因素，发现贵州林地是最主要的景观类型，2000 年、2010 年和 2020 年贵州林地总面积分别为 1 161 782.39km²、117 252.42km²、117 526.32km²。2000 ~ 2020 年，林地呈扩张趋势，景观面积明显增大，但细碎化程度变高，形状趋于复杂，表明受到人类活动的干扰增强。2000 ~ 2020 年，林地的流入量大于流出量。林地的流入主要源于耕地、草地，但程度趋于减弱，流出主要转为建设用地，程度趋于增强。在空间上，林地→耕地分布广泛，林地→草地集中分布在贵州西部，林地→建设用地主要集中在贵州中部。全省林地变化以前期变化型为主，稳定型次之，后期变化、反复变化和持续变化型图谱单元所占比例较小。坡度>35°的区域属于林地的优势分布区，林地面积达到 12 297.19km²，坡度<5°分布的林地面积最狭窄，林地面积仅 3476.25km²。随着坡度的增加，林地面积逐步扩大。海拔1000 ~ 1500m 是林地的优势分布区，面积 49 124.94km²。随着海拔的增大，林地呈现先增多后减少的倒 U 形变化趋势，海拔>2000m 的区域林地分布最狭小，面积 3871.71km²。影响森林转型主要的自然因素有坡度、海拔和降水，人文因素有城镇化率、旅游总收入、农业机械总动力和常住人口。总的来说，自然、人文因素共同推动了贵州森林转型。

参 考 文 献

[1] Zhang X, Liu L Y, Chen X D, et al. GLC _ FCS30: global land-cover product with fine classification system at 30m using time-series Landsat imagery [J]. Earth System Science Data, 2021, 6 (12): 2753-2776.

[2] 杨超，张露露，程宝栋. 中国林业 70 年变迁及其驱动机制研究——以木材生产为基本视

角 [J]. 农业经济问题, 2020, 41 (6): 30-42.

[3] 杨丽, 傅春. 赣南生态屏障区林地变化的空间驱动力分析 [J]. 地理与地理信息科学, 2018, 34 (6): 58-62, 84, 2.

[4] Tang Y. Effect analysis of land-use pattern with landscape metrics on an urban heat island [J]. Journal of Applied Remote Sensing, 2018, 12 (2): 026004.

[5] 乔伟峰, 盛业华, 方斌, 等. 基于转移矩阵的高度城市化区域土地利用演变信息挖掘——以江苏省苏州市为例 [J]. 地理研究, 2013, 32 (8): 1497-1507.

[6] 刘月阳, 杜崇, 龚文峰, 等. 基于地学图谱的县级尺度土地利用时空变化特征研究——以酉阳土家族苗族自治县为例 [J]. 中国农学通报, 2021, 37 (14): 123-135.

[7] 吕晓, 史洋洋, 黄贤金, 等. 江苏省土地利用变化的图谱特征 [J]. 应用生态学报, 2016, 27 (4): 1077-1084.

[8] 郭洪峰, 许月卿, 吴艳芳. 基于地形梯度的土地利用格局与时空变化分析——以北京市平谷区为例 [J]. 经济地理, 2013, 33 (1): 160-166, 186.

[9] 杨清可, 段学军, 王磊, 等. 长三角区域一体化与城市土地利用效率的协同测度及交互响应 [J]. 资源科学, 2021, 43 (10): 2093-2104.

[10] 彭继增, 孙中美, 黄昕. 基于灰色关联理论的产业结构与经济协同发展的实证分析: 以江西省为例 [J]. 经济地理, 2015, 35 (8): 123-128.

| 第3章 | 森林空间形态和功能形态转型

本章以国家森林城市遵义市和黔桂岩溶山区为对象，从空间形态和功能形态转型两个方面对森林转型特征进行测度，以此反映森林在空间形态和功能形态上的转变趋势；同时利用径向基函数神经网络（radial basis function neural networks，RBFNN）模型、二分类 Logistic 回归模型和地理探测器分析森林转型的影响因素，旨在为城市和山区森林转型发展路径选择及政策制定提供参考。

3.1 遵义市森林空间形态和功能形态转型

3.1.1 研究方法与数据处理

1. 遵义市概况

遵义市（105°36′E ~ 108°13′E，27°8′N ~ 29°12′N）位于贵州北部，土地面积 30 780.73km²；地处云贵高原向四川盆地过渡的斜坡地带，境内地形起伏大，地形地貌复杂多样，以低中山丘陵和宽谷盆地为主；属亚热带湿润性季风气候，年平均气温15℃，年均降水量1200mm。下辖 14 个县级行政单元：汇川区、红花岗区、播州区①、桐梓县、绥阳县、正安县、道真仡佬族苗族自治县、务川仡佬族苗族自治县、凤冈县、湄潭县、余庆县、习水县、赤水市、仁怀市和新蒲新区。2014 年末人口达 615.49 万人，人口密度为 200 人/km²。全市地区生产总值1874.36 亿元，第一、第二、第三产业结构比为 14.27：45.92：39.81。城镇化、工业化进程加快，城镇化率由 2004 年的 27.18% 增长至 2014 年的 42.30%。同时，森林覆盖率由 2004 年的 37.80% 上升至 2014 年的 53.61%。遵义市处在城镇

---

① 2016 年 3 月，贵州省撤销遵义县，设立播州区。因研究时段，仍沿用遵义县。

化、工业化与生态环境协调发展的关键时期,工业化、城镇化快速发展,国土资源利用开发强度加大,在此背景下,森林面积增加趋势明显,生态环境趋于好转,是山区森林转型的典型案例区。2010 年遵义市获"国家森林城市"称号。因此,选取遵义市获"国家森林城市"前后时间段 2004~2014 年统计资料,开展该市森林空间形态和功能形态转型的测度和影响因素效用[1]。

2. 数据来源与处理

数据主要来源于《遵义统计年鉴》、遵义市各区县统计年鉴、《中国县(市)社会经济统计年鉴》,时间跨度为 2004~2014 年。考虑到各辖区在地域上邻接、数据的可获得性与研究的需要,把各辖区记作一个研究单元,则本研究的空间单元为 14 个县(市、区),统一以 2004 年末的县级行政单元为基础。为分析森林转型空间分异特征的演变过程,选取每 3 年为一个时间段开展研究,划分为 2004~2006年、2007~2009 年、2010~2012 年和 2012~2014 年 4 个时段。对相关县(市、区)的数据进行标准化处理,个别缺失数据采用相邻年份插值法补齐。

为了消除不同指标数据性质带来的正负取向、量纲和数量等级差异影响,采用极差变换法进行标准化处理。

设原始数据矩阵为

$$P = \begin{bmatrix} X_{11} & \cdots & X_{1m} \\ \vdots & \ddots & \vdots \\ X_{n1} & \cdots & X_{nm} \end{bmatrix} \tag{3-1}$$

式中,X_{nm} 表示第 n 年第 m 个指标的数值。

正趋向性指标为

$$X'_{ij} = \frac{X_{ij} - \min(X_{1j}, X_{2j}, \cdots, X_{nj})}{\max(X_{1j}, X_{2j}, \cdots, X_{nj}) - \min(X_{1j}, X_{2j}, \cdots, X_{nj})}, (i=1,2,\cdots,n; j=1,2,\cdots,m) \tag{3-2}$$

负趋向性指标为

$$X'_{ij} = \frac{\max(X_{1j}, X_{2j}, \cdots, X_{nj}) - X_{ij}}{\max(X_{1j}, X_{2j}, \cdots, X_{nj}) - \min(X_{1j}, X_{2j}, \cdots, X_{nj})}, (i=1,2,\cdots,n; j=1,2,\cdots,m) \tag{3-3}$$

式中,X'_{ij} 和 X_{ij} 表示第 $i(i=1,2,\cdots,n)$ 年第 $j(j=1,2,\cdots,m)$ 个指标标准化后的数据和指标原始值;$\max X_{ij}$、$\min X_{ij}$ 表示第 j 指标的最大值和最小值。

3. 研究方法

1） 森林空间形态和功能形态转型测度方法

森林空间形态转型是区域林地面积发生的趋势性变化，某一区域林地面积的多寡变化反映了区域人与自然关系的和谐发展程度变化，是影响区域生态环境状况的重要因素。具体测度上，利用区域森林覆盖率来进行衡量。

森林功能形态转型是区域林地功能发生的趋势性变化。在短时间内，城镇化、工业化发展阶段人口消费结构与水平易发生改变，对林木产品、森林旅游等需求增加，单位面积林地或森林提供的林木产品、森林旅游等产业产值伴随经济社会发展变化较快，而固碳释氧、水土保持等森林生态系统服务功能的价值变化较为缓慢。考虑数据的可获取性，在具体测度上，利用区域单位面积林地林业产值来进行衡量。

2） 空间分异特征测度

空间关联分析是指定量地测度地理现象之间的空间关联和异质性。空间关联分析包括空间相邻矩阵构建、空间自相关的度量和检验。研究采用 GeoDa 软件计算遵义市 14 个县（市、区）的空间相邻矩阵。空间自相关包括全局空间自相关和局域空间自相关。全局空间自相关可以描述区域单元某种地理现象的整体分布状况，以判断该现象在空间上是否存在集聚性，而局域空间自相关刻画的是属性相似聚集区的空间分布位置。采用常用的 Global Moran's I、Getis-Ord G_i^* 指数来测度全局空间自相关和局域空间自相关程度。

Global Moran's I 计算公式为

$$I = \frac{\sum\limits_{i=1}^{n} \sum\limits_{j \neq 1}^{n} W_{ij}(X_i - \bar{X})(X_j - \bar{X})}{S^2 \sum\limits_{i=1}^{n} \sum\limits_{j \neq 1}^{n} W_{ij}} \tag{3-4}$$

$$S^2 = \frac{1}{n} \sum\limits_{i=1}^{n} (X_i - \bar{X})^2 \tag{3-5}$$

$$\bar{X} = \frac{1}{n} \sum\limits_{i=1}^{n} X_i \tag{3-6}$$

式中，X_i 为研究单元 i 的地理属性观测值；$\bar{X}$ 为区域变量的平均值；S^2 为均方差；W_{ij} 为空间权重矩阵 $W_{(n \times n)}$，可由空间距离与空间拓扑实现。标准化 Z_{Score} 常用于检验 Moran's I 的显著性水平：

$$Z_{\text{Score}} = \frac{1 - E(I)}{\sqrt{\text{Var}(I)}} \tag{3-7}$$

式中，$E(I)$ 与 $\text{Var}(I)$ 分别为 Moran's I 的期望值与方差。当 $|Z_{\text{Score}}| > 1.96$（$\alpha = 0.05$）时，可以拒绝零假设 H_0（n 个空间对象属性值不存在空间自相关），变量在空间上存在显著的空间自相关。I 的取值范围为 [-1, 1]，当 $I > 0$ 时，说明全局空间自相关是正相关；当 $I < 0$ 时，表明负相关关系，绝对值越大，说明相关程度越高；当 $I = 0$ 时，则呈随机分布，不存在空间自相关。

Getis-Ord G_i^* 指数，通过分析不同空间区域的热点区和冷点区，识别区域内部的空间异质性，测度某一区域与邻近区域的局部空间自相关特征，计算公式为

$$G_i^*(d)^2 = \frac{\sum_{j=1}^{n} W_{ij}(d) X_j}{\sum_{j=1}^{n} X_j} \tag{3-8}$$

$$Z(G_i^*)^2 = \frac{G_i^* - E(G_i^*)}{\sqrt{\text{Var}(G_i^*)}} \tag{3-9}$$

式中，d 为距离；$E(G_1^*)$ 和 $\text{Var}(G_1^*)$ 分别为 G_i^* 的数学期望值和变异系数；如果 $Z(G_i^*)$ 显著为正，则表明 i 周围的值高于均值，属热点区，相互作用程度较高，热点区的空间联动发展状态较强，区域之间的相互作用强度较高；如果 $Z(G_i^*)$ 显著为负，属冷点区，相互作用程度较低，冷点区的空间联动发展状态较弱，区域之间的相互作用强度较低。

3）森林空间形态和功能形态转型的因素识别

A. 影响因素识别

人口数量和人口城乡结构是影响区域森林转型的因素之一。人口数量的多少与区域森林开发、利用和保护密切相关；人口城镇化率（人口城乡结构比例）的提高改变了人口资源消费水平、消费结构与消费观念。薪材是农村能源的重要来源，薪材消耗是森林破坏的重要原因。伴随城镇化、工业化发生的城乡人口迁移，电力的普及，薪材的替代，实现了由薪材向电力、天然气等能源的转变，同时，对林木产品和森林旅游等森林产品需求增加，使区域森林转型的发生成为可能。因此，人口数量与人口城乡结构是影响森林转型的重要因素。本研究拟用人口密度和城镇化率2项指标来表征人口数量及其城乡结构对森林转型空间分异的影响。

森林转型是伴随城镇化、工业化过程中经济增长和产业结构调整而变化的。社会经济的持续发展呈现出的经济形态或产业结构逐步发生改变，第一产业占比下降，第二、第三产业占比上升，经济增长和产业结构变化创造了大量非农就业机会，农村劳动力城乡迁移导致农地退出农业生产，森林可能进一步扩张，推动着森林面积的恢复性增长；同时，区域经济发展初期对林木等资源依赖性较强，而伴随经济发展进入工业化阶段，对林木等自然资源依赖性降低，而且经济增长带来的税收，为政府加强植树造林等生态保护投入提供了可能，经济增长为森林恢复提供了良好的外部条件。因此，经济因素和产业结构也是影响森林转型空间分异的重要因素。经济因素拟用人均 GDP、地均 GDP 和人均固定资产投资 3 项指标表征；而产业结构状况用第一产业占比与第二和第三产业比值 2 项指标表征。

B. 影响因素的效用测度

采用 RBFNN 进行影响因素的效用测度。径向基函数由输入层、隐含层和输出层 3 层结构组成，运算速度和非线性映射能力较强，运行时由输入层节点传递输入信号到隐含层是非线性变换，再由隐含层传递到输出层是线性变换，即将原始的非线性变换到线性可分的高维空间，实现非线性输入空间向线性输入空间隐射的目的。据此模拟出输入层的内在结构，影响过程清晰，目标导向明确。依据上述原理，本研究将不同影响因素作为输入层，将森林空间形态转型和森林功能形态转型的评价指数作为目标层，由此得出不同影响因素对森林转型的影响效用。具体运算中利用 K-均值聚类方法求取基函数中心，常用高斯函数作为径向基函数[2-4]：

$$R(x_p - c_i) = \exp\left(-\frac{1}{2\sigma_i^2}\right) \| x_p - c_i \|^2 \tag{3-10}$$

方差可由式（3-11）求解：

$$\sigma_i = \frac{c_{\max}}{\sqrt{2h}} \quad (i = 1, 2, \cdots, h) \tag{3-11}$$

式中，$c_{\max}$ 为所选取中心之间的最大距离；$c_i(i=1, 2, \cdots, h)$ 为输入样本的各个聚类集合；h 为训练样本个数；x_p 为训练样本集合。测度隐含层到输出层之间神经元的连接权值，用最小二乘法计算，计算公式如下：

$$w = \exp\left(\frac{h}{c_{\max}^2} \| x_p - c_i \|^2\right) \quad (p = 1, 2, \cdots, p; i = 1, 2, \cdots, h) \tag{3-12}$$

根据径向基函数神经网络各层之间的连接关系，按如下步骤计算输入层对输出层的影响因素效用，计算输入层到隐含层权值的归一化值：

$$a_{ij} = \frac{W_{ij}}{\sum\limits_{i=1}^{n} W_{ij}} \tag{3-13}$$

式中，i 和 j 分别为输入层节点和隐含层节点；n 为输入层节点总数。计算隐含层到输出层权值的归一化值：

$$b_{kj} = \frac{P_{kj}}{\sum\limits_{j=1}^{m} P_{kj}} \tag{3-14}$$

式中，k 为输出层节点；m 为隐含层节点总数。计算输入层对输出层的影响因素效用：

$$V_{ik} = a_{ij} \times b_{kj} \tag{3-15}$$

3.1.2 森林空间形态和功能形态转型的分异特征

1. 全局空间自相关特征

为从整体上测度区域某属性值集聚或分散的程度，利用空间计量 GeoDa 软件构建邻接权重矩阵，定量研究区域空间异质性，从空间形态转型和功能形态转型两方面计算出森林转型的全局空间自相关系数（表 3-1）。从整个研究期间看，空间形态转型和功能形态转型 Global Moran's I 分别为 0.0336、0.2323，均通过显著性水平检验，表明森林空间形态和功能形态在空间分布上体现出显著的正相关性，即空间分布并非表现出完全随机状态，而是呈现类似区域形态间的空间集聚效应。从森林空间形态和功能形态转型的 Global Moran's I 对比看，功能形态转型 Global Moran's I 整体高于空间形态转型，表明森林转型的功能形态空间集聚特征更明显。从时间变化看，各时段 Global Moran's I 呈上升态势，说明森林空间形态和功能形态转型的空间集聚效应和集聚程度进一步增强。具体来看，空间形态转型 Global Moran's I 由 I 时段的 0.0099 增加至 III 时段的 0.0274，增加了 0.0175，表明森林数量变化在空间分布上的集聚态势增强。功能形态转型 Global Moran's I 由 I 时段的 0.3149 增加至 IV 时段的 0.6287，增加了 0.3138，表明森林产值变化在空间分布上的集聚态势也在增强。IV 时段 Global Moran's I 为 0.6287，集聚性最强。综上所述，森林空间形态和功能形态转型具有显著的空间集聚特征，且功能形态转型空间集聚程度高于空间形态转型空间集聚程度，时间格局上两者空间集聚性进一步增强。

表 3-1　森林转型的 Global Moran's I

研究时段	时段	森林空间形态转型	森林功能形态转型
I	2004～2006 年	0.0099**	0.3149*
II	2007～2009 年	0.0134**	0.3055**
III	2010～2012 年	0.0274**	0.6137**
IV	2012～2014 年	0.1033*	0.6287**
V	2004～2014 年	0.0336**	0.2323**

＊和＊＊分别表示在置信度为99%和95%时，相关性是显著的。

2. 局部空间自相关分析

Global Moran's I 揭示了县域单元森林转型的空间形态转型和功能形态转型具有空间集聚的趋势，Getis-Ord G_i^* 值则反映这种空间集聚为高聚类分布。为了进一步揭示研究区森林转型内在机制的空间差异，基于空间关联的视角，对森林转型进行热点和冷点的识别，对各时段县域的 Getis-Ord G_i^* 进行运算并进行可视化表达，采用 Jenks 最佳自然断裂法将各时段县域的局域 Getis-Ord G_i^* 划分为热点区、次热区、次冷区和冷点区 4 种类型。

根据式（3-8）得到森林空间形态和功能形态转型的 Getis-Ord G_i^*，通过县级行政单元区划图将其专题化，生成森林空间形态和功能形态转型的热点地图，以便更清楚地反映森林转型发展格局的时空变化特征。

从森林空间形态转型热点演化图来看（图 3-1），森林空间形态转型的冷热点数量呈现不同的变化趋势。I～IV 时段冷点数量占比为 21.44%、42.87%、35.73%、28.58%；次冷点为 35.71%、28.57%、35.71%、28.57%；次热点为 35.71%、21.42%、21.42%、35.71%；热点占比保持稳定，为 7.14%。冷点略微上升，从 I 时段的 3 个稳步增加至 IV 时段的 4 个；次冷点、次热点和热点保持稳定；冷热点变化映射出森林数量的空间收敛效应，聚类越来越紧密，表明森林数量变化的集聚态势，县域间的森林面积变化差异拉大，冷热点空间分布集聚性差异略有抬升。热点空间分布集中于西缘赤水市。冷点分布于中部和南缘的绥阳县、汇川区和红花岗区，是冷点的集中分布带，红花岗区由次冷点演变为冷点，周围连片分布，空间分布呈集聚退化迹象。次热点主要分布于东南缘，逐渐蔓延至北缘。次冷点空间分布演变较为分散，特征不明显。

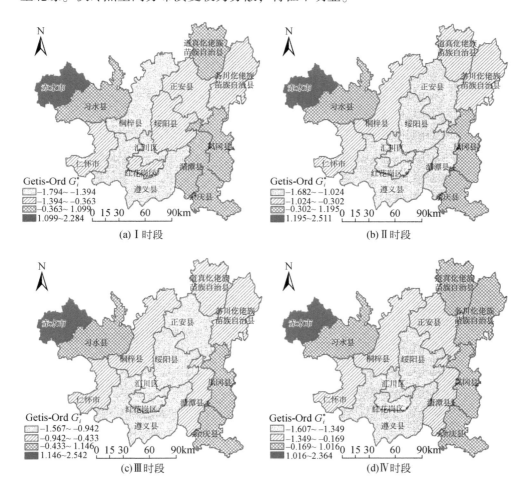

图 3-1　遵义市各县（市、区）2004～2014 年森林空间形态转型热点演化图

　　从森林功能形态转型热点演化图来看（图 3-2），Ⅰ～Ⅳ时段森林功能形态转型的冷点数量占比为 28.57%、28.59%、35.73%、21.44%；次冷点为 7.16%、14.28%、14.28%、21.42%；次热点为 42.85%、42.85%、21.42% 和 28.57%；热点为 21.42%、14.28%、28.57%、28.57%。热点略有上升，热点从 3 个增加至 4 个。冷点从 4 个减少至 3 个，先增后减且冷点比热点多，说明

森林产值增长的低值区多于高值区，县域总体森林产值上升明显，但产值发展缓慢的地区占多数。次热点区减少2个，次冷点区增加2个。热点空间分布从西缘逐渐演变到东北缘的正安县、道真仡佬族苗族自治县和务川仡佬族自治县，表明近年来地区的林业经济发展有所复苏。余庆县热点退化，表明林业经济活力下降，空间集聚变薄弱。南缘大部分被冷点区覆盖。次热点区有向中部迁移的趋势。次冷点区分布较为分散，由Ⅰ时段东南部蔓延至Ⅳ时段的西缘。

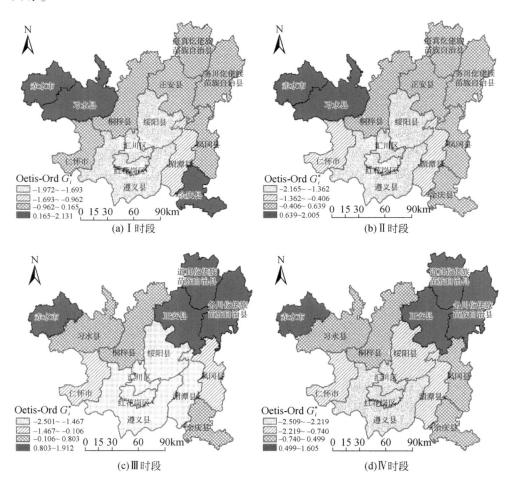

图3-2　遵义市各县（市、区）2004～2014年森林功能形态转型热点演化图

3.1.3 森林空间形态和功能形态转型的影响因素

利用 DPS（data processing system）软件构建 RBFNN 模型来分析遵义 14 个县（市、区）森林转型空间分异的影响效用，以遵义 14 个县（市、区）2004～2014 年 7 种评价因子的原始功效值作为输入层，输入层节点为 7；以各年份的森林空间形态转型和功能形态转型的评价值为输出层，网络输出节点数为 2。隐含层节点数依据经验公式确定：$N=\sqrt{n+m}+a$，其中 N 为隐含层神经元个数，取整数；n 为输入层神经元个数；m 为输出层神经元个数；a 为 1～10 的常数，通过试算选定误差最小的隐含层神经元个数为 6。计算时训练速率取 0.45，加权种子数取 2，训练控制过程迭代次数取 100 次。计算结果如表 3-2 所示，影响因素测度模型拟合度均在 0.806 之上，平均值达 0.892，拟合值甚好，更接近于实况，更稳妥、可靠。

表 3-2 不同指标对各县（市、区）森林利用转型空间分异的影响系数

县（市、区）	森林转型类型	人口密度	城镇化率	人均GDP	地均GDP	人均固定资产投资	第一产业占比	第二和第三产业比值	拟合度
红花岗区	空间形态转型	0.106	0.233	0.132	0.120	0.064	0.143	0.202	0.806
	功能形态转型	0.112	0.243	0.118	0.109	0.059	0.188	0.171	
汇川区	空间形态转型	0.100	0.220	0.120	0.109	0.074	0.129	0.248	0.812
	功能形态转型	0.083	0.196	0.096	0.085	0.054	0.263	0.223	
遵义县	空间形态转型	0.125	0.121	0.171	0.174	0.130	0.058	0.221	0.940
	功能形态转型	0.166	0.106	0.150	0.152	0.114	0.121	0.191	
桐梓县	空间形态转型	0.070	0.188	0.171	0.168	0.163	0.058	0.182	0.914
	功能形态转型	0.102	0.168	0.156	0.152	0.150	0.101	0.171	
绥阳县	空间形态转型	0.112	0.197	0.167	0.166	0.124	0.077	0.157	0.916
	功能形态转型	0.207	0.141	0.115	0.116	0.085	0.183	0.153	
正安县	空间形态转型	0.089	0.161	0.183	0.175	0.143	0.055	0.194	0.924
	功能形态转型	0.086	0.162	0.184	0.176	0.144	0.052	0.196	
道真仡佬族苗族自治县	空间形态转型	0.036	0.244	0.197	0.187	0.159	0.040	0.137	0.944
	功能形态转型	0.051	0.236	0.190	0.180	0.154	0.051	0.138	

县（市、区）	森林转型类型	人口密度	城镇化率	人均GDP	地均GDP	人均固定资产投资	第一产业占比	第二和第三产业比值	拟合度
务川仡佬族苗族自治县	空间形态转型	0.178	0.171	0.131	0.140	0.118	0.077	0.185	0.862
	功能形态转型	0.161	0.167	0.131	0.135	0.121	0.126	0.159	
凤冈县	空间形态转型	0.128	0.170	0.165	0.171	0.127	0.067	0.172	0.928
	功能形态转型	0.118	0.159	0.161	0.161	0.129	0.100	0.172	
湄潭县	空间形态转型	0.062	0.202	0.172	0.168	0.143	0.049	0.204	0.938
	功能形态转型	0.029	0.207	0.197	0.175	0.148	0.036	0.208	
余庆县	空间形态转型	0.221	0.158	0.125	0.128	0.123	0.159	0.086	0.917
	功能形态转型	0.164	0.155	0.139	0.137	0.131	0.123	0.151	
习水县	空间形态转型	0.065	0.212	0.184	0.185	0.158	0.069	0.127	0.902
	功能形态转型	0.076	0.199	0.174	0.173	0.150	0.099	0.129	
赤水市	空间形态转型	0.119	0.155	0.171	0.165	0.134	0.128	0.128	0.826
	功能形态转型	0.157	0.211	0.151	0.150	0.109	0.091	0.131	
仁怀市	空间形态转型	0.119	0.158	0.184	0.179	0.127	0.091	0.142	0.865
	功能形态转型	0.184	0.106	0.115	0.112	0.080	0.198	0.205	

如表3-2所示，各影响指标在不同目标导向下的影响效用大小迥异。森林空间形态转型方面，城镇化率与第二和第三产业比值影响效用大，红花岗区、汇川区和遵义县等9个县（市、区）的城镇化率与第二和第三产业比值影响系数均在0.172之上，占据前列，表明经济发展推动了产业结构升级和城镇化水平的提高，人口非农就业的增加和生计非农化导致对耕地资源的依赖性降低甚至撂荒土地，撂荒地块为植被自然演替、人工造林等生态恢复提供了自然空间，驱动森林空间转型过程。区域人口密度、人均GDP、人均固定资产投资、第一产业占比和地均GDP的影响效用其次；第一产业占比对空间形态转型的影响显著性最小；第一产业产值在GDP占比大，但呈现连续降低态势，其影响效用逐渐缩减；人口密度与森林转型相关性弱。

森林功能形态转型方面，城镇化率、第二和第三产业比值与人口密度影响效用大，红花岗区、汇川区和遵义县等10个县（市、区）的城镇化率与第二和第三产业比值影响系数均在0.167之上，位居前列，表明新型城镇化和产业结构升级会通过消费结构、水平升级等需求变化来减少毁林和影响森林产品的供给，具体表现为农村劳动力转移到城镇，收入改善明显，改变了能源消费结构，薪材消耗减少，同时，对林木产品和森林旅游等生态服务功能需求得到了释放，这都驱动森林功能形态转型过程。第一产业占比、人均 GDP、人均固定资产投资和地均 GDP 影响效用其次；人均固定资产投资占比对功能形态转型的影响显著性最小。

不同影响因素对各县（市、区）的影响效用大小迥异。森林空间形态转型方面，人口密度对余庆县和务川仡佬族苗族自治县影响效用大，影响系数大于或等于 0.178；道真仡佬族苗族自治县和湄潭县影响效用小，影响系数小于或等于 0.062。城镇化率影响系数大于或等于 0.233 的，包括红花岗区和道真仡佬族苗族自治县；影响系数小于或等于 0.158 的，包括遵义县、余庆县、赤水市和仁怀市。人均 GDP 和地均 GDP 两项因素的影响效用趋势同步，对道真仡佬族苗族自治县、习水县和仁怀市的影响效用大，影响系数大于或等于 0.179；而影响系数小于或等于 0.140 的，包括汇川区、红花岗区、务川仡佬族苗族自治县和余庆县。人均固定资产投资影响系数大于或等于 0.127，影响效用大，包括遵义县、桐梓县、正安县、凤冈县、赤水县、道真仡佬族苗族自治县、湄潭县和习水县；红花岗区、汇川区和务川仡佬族苗族自治县影响系数小。红花岗区、汇川区和余庆县的第一产业占比影响系数大于或等于 0.129；道真仡佬族苗族自治县和湄潭县影响效用小，影响系数小于或等于 0.040。第二和第三产业比值影响系数大于或等于 0.204，影响效用大，包括汇川区、遵义县和湄潭县；而余庆县、习水县和赤水市影响系数小于或等于 0.128，影响效用小。森林功能形态转型方面，人口密度影响效用系数大的有遵义县、绥阳县和仁怀市，影响系数大于或等于 0.166；影响系数小的包括湄潭县、正安县和汇川区。红花岗区、道真仡佬族苗族自治县和赤水市的城镇化率影响系数大于或等于 0.211；遵义县和仁怀市影响系数小，影响系数小于或等于 0.106。人均 GDP、地均 GDP 和人均固定资产投资三项因素对正安县、道真仡佬族苗族自治县、湄潭县和习水县的影响系数大于或等于 0.144；红花岗区、汇川区和仁怀市影响系数小于或等于 0.139，三者具有显著的同步性。第一产业占比对红花岗区、汇川区、绥阳县和仁怀市的影响效用大，影响系数大于或等于 0.183；正安县、道真仡佬族苗族自治县和湄潭县影响效用小，影响系数小于或等于 0.052。汇川区、湄潭县、正安县和仁怀市的第二和第三产业比值影响效用大，影响系数大于或等于 0.196；道真仡佬族苗族自治县、赤水市和习水县影响效用小，影响系数小于或等于 0.138。

3.2 黔桂岩溶山区森林空间形态和功能形态转型

3.2.1 研究区概况与数据来源

1. 黔桂岩溶山区概况

黔桂岩溶山区位于我国西南地区，面积约 20 万 km²，占黔桂两省（自治区）土地总面积的 58.13%，涉及黔中经济区及南宁城市圈地域范围及周边区域的 89 个县（市、区）。地处云贵高原向广西丘陵过渡地带，是我国长江和珠江上游生态屏障重要组成部分和南方喀斯特地貌分布中心。喀斯特地貌分布广、类型多样，岩溶景观资源丰富。气候类型属亚热带湿润性季风气候，年平均气温 17℃，年均降水量 1334mm。黔桂岩溶山区生态环境脆弱，经济基础薄弱，农村经济落后。近年来两省（自治区）工业化、城镇化加速发展，国土资源利用开发强度加大。同时，退耕还林工程、天然林保护工程政策的实施，使森林面积有所增加，两省（自治区）2015 年森林覆盖率达到 50.35%，生态环境趋于好转。

2. 数据来源

土地利用数据（1990 年、2000 年、2010 年和 2015 年四期）由国家重点基础研究发展计划"山区国土空间功能优化与调控对策"课题组提供，数据精度为 1∶10 万。DEM 数据来自地理空间数据云，分辨率为 30m。坡度和坡向等栅格图利用 ArcGIS 10.2 空间分析模块中 slope、aspect 命令计算获得。地形起伏度采用 GIS 移动窗口分析法对 DEM 数据进行提取获得。年均温度和年均降水量数据取 1990～2015 年平均值。到最近农村居民点的距离和到最近河流的距离利用 ArcGIS 10.2 空间分析模块邻域分析工具计算直线距离获取。夜间灯光亮度来自美国国家海洋和大气管理局（National Oceanic and Atmospheric Administration，NOAA）提供的 DMSP/OLS 数据。为便于运算，所有数据均为 GIS 栅格数据，配准到 Krasovsky_1940_Albers 坐标系后在 1km×1km 的分辨率下进行重采样。

3.2.2 研究方法

1. 森林转型分类及其测度

已有学者提出，土地利用形态通常具有显性形态与隐性形态两种形式[5,6]。显性形态是指一个区域在特定时期内由土地利用类型构成的结构，含有数量和空间结构两重属性。隐性形态是指依附于显性形态的不易察觉的，需通过分析、化验、检测和调查才能获得的土地利用形态，通常具有质量、产权、经营方式、固有投入和产出能力等多重属性。本研究对森林转型的内涵进行扩展，将森林转型界定为某一国家或地区城镇化、工业化发展过程中，林地在空间分布（数量结构）和质量状况所发生的趋势性变化，包括森林空间形态（显性形态）转型、森林功能形态（隐性形态）转型两方面特征。具体测度上，本研究利用林地的面积变化来衡量森林空间形态转型，并建立黔桂岩溶山区森林空间形态转型的二分类 Logistic 回归模型分析其影响因素；用植被覆盖度来衡量森林功能形态转型，并使用地理探测器分析其影响因素。

2. 指标选取

为深入探究影响森林转型的驱动因素，参考前人的研究成果[7,8]，结合研究区实际和数据的可获取性，建立指标体系（表3-3），从自然环境因子和社会经济

表 3-3 指标体系

	变量	类型	单位
因变量	林地空间形态变化/功能形态变化	二分类/连续型	0 ~ 1/无量纲
自变量	坡向	连续型	(°)
	坡度	连续型	(°)
自变量	海拔	连续型	m
	地形起伏度	连续型	m
	年均温度	连续型	℃
	年均降水量	连续型	mm
	到最近农村居民点的距离	连续型	km
	到最近河流的距离	连续型	km
	夜间灯光亮度	连续型	无量纲

环境因子两个方面对森林转型的驱动因素进行分析。其中，坡向、坡度、海拔、地形起伏度、年均温度、年均降水量作为自然环境因子指标；到最近农村居民点的距离、到最近河流的距离及夜间灯光亮度作为社会经济环境指标，夜间灯光亮度反映了区域经济发展水平。

3. 二分类 Logistic 回归模型

1) 土地利用转移矩阵

土地利用转移矩阵来源于系统分析中对系统状态与状态转移的定量描述。利用 ArcGIS 10.2 对不同时期土地利用类型数据进行叠加分析，统计得出研究区 1990～2015 年土地利用结构的变化情况，建立各期土地类型转移矩阵。结合本研究，只分析其他地类转为林地的数量和空间变化。

2) 建立二分类 Logistic 回归模型

二分类 Logistic 回归模型是针对因变量为二分类的非线性回归统计方法，该方法引入了空间概念，研究的是一个因变量与多个自变量之间形成的多元回归关系，解决了因变量为分类变量的问题，并能有效预测森林转型发生的概率。本研究中林地面积净增加（Y）是二分类因变量。当林地面积净增加时 $Y=1$，否则，$Y=0$。自变量为 9 个影响因素，即自变量（X_i）（$i=1, 2, \cdots, n$）。林地面积净增加（$Y=0$）的概率为 P。二分类 Logistic 回归模型如下[9]：

$$P = \frac{\exp(\beta_0 + \beta_1 X_1 + \beta_2 X_2 + \cdots + \beta_n X_n)}{1 + \exp(\beta_0 + \beta_1 X_1 + \beta_2 X_2 + \cdots + \beta_n X_n)} \tag{3-16}$$

$$\text{Logit}P\left\{Y=\frac{1}{X_i}\right\} \ln\left[\frac{P}{1-P}\right] = \beta_0 + \beta_1 X_1 + \beta_2 X_2 + \cdots + \beta_n X_n \tag{3-17}$$

式中，$\beta_i (i=0, 1, 2, \cdots, n)$ 为回归系数；$P/(1-P)$ 为事件的发生比率。

本章用 ROC 系数检验二分类 Logistic 回归模型拟合优度。当 ROC 值大于 0.7 时，认为所选定的驱动因素具有较好的解释能力[10]。通过分析影响森林空间形态转型的因素，按照各因素对林地面积净增加的可能性的贡献率，确定其主次关系。首先将林地转移矩阵分为林地面积净增加（赋值为 1）和林地未变化（赋值为 0）两个栅格图，为确保因变量的 0 和 1 观测值有相等的数量，选用分层随机抽样方法选择均匀分布于整个研究区的 5000 个观测点，共 10 000 个。然后提取样点所对应的 9 个影响因素的值作为 Logistic 回归模型的基础数据。

4. 地理探测器

1）植被覆盖度的计算

植被覆盖度（f_c），反映了植物进行光合作用面积的大小以及植被生长的茂盛程度，能够在一定程度上代表植被的生长状态和生长趋势，常用于植被变化、生态环境研究。植被覆盖度可直接用于区域之间数量对比的植被因子。其计算公式为[11]

$$f_c = \frac{NDVI - NDVI_{soil}}{NDVI_{veg} - NDVI_{soil}} \quad (3\text{-}18)$$

式中，NDVI 为某像元的实际归一化植被指数（normalized differential vegetation index）值；$NDVI_{veg}$ 和 $NDVI_{soil}$ 分别为研究区 NDVI 的最大值和最小值。

2）地理探测器方法

地理探测器是一种新的统计方法，主要用来探测空间分异性，以及分析某种现象的驱动力、影响因子及多因子交互作用[12]。地理探测器包括 4 个模块，即因子探测器、风险探测器、交互作用探测器、生态探测器。因子探测器探测因变量的空间分异性，以及自变量对因变量的解释力，其大小用 q 值来衡量，其计算公式如下[13]：

$$q = 1 - \frac{SSW}{SST} \quad (3\text{-}19)$$

$$SSW = 1 - \sum_{h=1}^{1} N_h \sigma_h^2, \quad SST = N\sigma^2 \quad (3\text{-}20)$$

式中，$h = 1$，…，L 为变量 Y 或因子 X 的分层，即分类或分区；N_h 和 N 分别为层 h 和全区的单元数；σ_h^2 和 σ^2 分别为层 h 和全区 Y 值的方差。SSW 和 SST 分别为层内方差之和和全区总方差。q 的值越大，说明 Y 的空间分异性越明显，表示自变量 X 对因变量 Y 的解释力越强，反之则越弱。分别计算和比较各单因子的 q 值及两因子叠加后的 q 值，可以判断两因子是否存在交互作用（表3-4）。

表3-4　自变量对因变量的交互作用方式

判据	交互作用
$qX_1 \cap X_2 < qX_1$ 或 $qX_1 \cap X_2 < qX_2$	非线性减弱
$qX_1 \cap X_2 > qX_1$ 或 $qX_1 \cap X_2 > qX_2$	双因子增强
$qX_1 \cap X_2 = qX_1 + qX_2$	独立
$qX_1 \cap X_2 > qX_1 + qX_2$	非线性增强

注：X_1 和 X_2 代表森林转型的影响因子。

为避免数据的空间自相关性，采用等间距系统采样法对研究区进行规则网格划分，生成每个网格的中心点作为采样点。选取均匀分布于整个研究区的10 000个观测点，把点所在位置的因变量和自变量的信息提取出来。利用该方法进行因子和驱动力分析时，因变量是数值量，自变量必须为类型量，所以对连续型自变量进行离散化后再输入地理探测器模型中运行，得到1990～2015年植被覆盖度变化率与各个影响因素之间的定量关系。

3.2.3　森林空间形态和功能形态转型特征及机制

1. 森林空间形态转型特征

从土地利用结构变化来看（图3-3），1990～2015年，黔桂岩溶山区以林地和耕地为主，林地面积总体上呈现U形曲线变化特征，即林地面积变化呈现先减少再增加的趋势，转折时间点为2000年。其与全国森林转型发生时间点（20世纪80年代）[14]相比，推后大约十年。究其原因，可能与黔桂岩溶山区位于中国经济欠发达的西南部地区有关。按照森林转型阶段理论，黔桂岩溶山区正处于森林转型的后一个阶段——林地面积净增加的阶段。2000～2015年，研究区林地增加的面积为905.58km^2，增幅为0.33%；而耕地和草地的面积呈现减少趋势，减少的面积分别为903.78km^{2}和1413.14km^2，这与林地面积变化时间上具有一定的对应关系。

将1990年和2015年研究区土地利用分类图进行空间叠置，生成1990～2015年土地利用转移矩阵（表3-5）。由表3-5可知，1990～2015年研究区林地主要由草地和耕地转入，其中草地是对林地贡献最大的土地利用类型，贡献率为

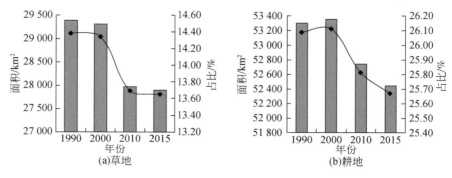

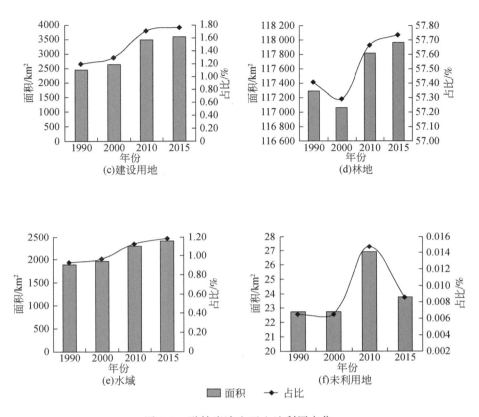

图 3-3　黔桂岩溶山区土地利用变化

75%，耕地的贡献率为 24%，转化面积分别为 1675.75km² 和 531.60km²。这可能与农村人口向城市迁移以及农业劳动力成本的上升，农村耕地荒芜，出现农地边际化现象，自然演替为林地有关。

表 3-5　1990～2015 年土地利用转移矩阵

土地利用类型	草地	耕地	建设用地	林地	水域	未利用地
草地		377.18	134.98	1675.75	114.35	2.76
耕地	149.81		797.47	531.60	206.08	1.11
建设用地	7.39	27.54		5.07	5.21	0
林地	640.22	393.82	256.59		273.29	0.63
水域	13.91	29.33	6.95	25.83		1.12
未利用地	0	0.87	0.77	0	2.95	
总计	811.33	828.74	1196.76	2238.25	601.88	5.62

2. 森林空间形态转型机制的 Logistic 回归模型分析

二分类 Logistic 回归模型基于数据的抽样，能为每个自变量产生回归系数。将因变量和自变量代入 SPSS 软件中计算得到 1990～2015 年林地变化的 Logistic 回归模型参数（表 3-6），模型参数中的统计量 $\text{Wald}\chi^2$ 是通过一定的权重运算方法得到，被用来评价每个变量对事件预测的贡献力，回归系数 β 表示各影响因素和林地面积净增加的正负相关关系。ROC 系数为 0.764，根据表 3-6 中 Logistic 回归模型参数显著性水平（$P<0.05$）和统计量 $\text{Wald}\chi^2$，林地面积净增加重要的解释变量有年均降水量、年均温度、到最近河流的距离、到最近农村居民点的距离、地形起伏度和坡度，这 6 个自变量的回归系数显著性（P 值）均为 0，小于 0.01，说明这 6 个回归系数均具有极其显著的统计学意义。

表 3-6　森林空间形态转型的 Logistic 回归模型相关系数

自变量	回归系数（β）	标准误差（S.E.）	统计量（$\text{Wald}\chi^2$）	自由度（df）	显著性水平（P）	发生比率（OR）
坡向	0	0	3.821	1	0.051	0.999
坡度	−0.062	0.016	15.519	1	0	0.939
海拔	0	0	3.367	1	0.067	1
地形起伏度	0.001	0	17.9	1	0	1.001
年均降水量	−0.001	0	56.502	1	0	0.999
年均温度	0.149	0.021	52.253	1	0	1.16
到最近农村居民点的距离	−0.042	0.01	17.977	1	0	0.959
到最近河流的距离	−0.035	0.006	31.487	1	0	0.966
夜间灯光亮度	0.240	0.23	1.154	1	0.283	1.025
常量	0.966	0.448	4.644	1	0.031	2.626

1990～2015 年，森林空间形态转型最重要的解释变量是年均降水量，模型中该解释变量的回归系数为负，表明林地面积净增加的概率随着降水量的减小而增大，这一解释变量转化为林地发生比率是 0.999。另外一个重要的解释变量是年均温度，年均温度和林地面积净增加正相关，这表明年均温度每升高 1℃，林地面积净增加的发生比率为 1.16。另外，到最近农村居民点的距离每减少 1km，

林地面积净增加的概率约增加1倍（即1km的发生比率是 $e^{-0.042\times1}\approx0.959$）；到最近河流的距离每减少1km，林地面积净增加的发生比率为0.966。地形起伏度这一解释变量的发生比率为1.001，说明林地面积净增加发生在起伏度较大的区域；坡度这一解释变量的回归系数为负，表明林地面积净增加的概率随着坡度的增大而减少，发生比率为0.939。研究区林地面积净增加与到最近农村居民点的距离、到最近河流的距离、坡度的回归系数为负，是因为到农村居民点、河流距离较远以及坡度较大的土地类型就是林地，且随着近年来城镇化加速推进、社会经济不断发展，一方面大量农村人口外迁，导致距离农村居民点、河流近的和越来越多的缓坡耕地被撂荒，发生农地边际化现象自然演替为林地；另一方面受森林产品需求增加驱动，距离农村居民点、河流近的和坡度较缓的耕地农业结构调整力度大，园艺作物扩张迅速。

3. 森林功能形态转型特征

根据式（3-18）计算出研究区1990～2015年植被覆盖度，采用相对指标法将植被覆盖度划分5个等级：极低覆盖度（$f_c\leq0.2$）、低覆盖度（$0.2<f_c\leq0.4$）、中覆盖度（$0.4<f_c\leq0.6$）、中高覆盖度（$0.6<f_c\leq0.8$）、极高覆盖度（$f_c>0.8$）。从植被覆盖度分级结果可知（表3-7和图3-4），1990～2015年各等级植被覆盖度

表3-7 1990～2015年黔桂岩溶山区植被覆盖度分级及其变化

| 植被覆盖度 | 1990年 | | 2000年 | | 2010年 | | 2015年 | | 1990～2015年面积变化/km² | 1990～2015年比例变化/% |
	面积/km²	比例/%	面积/km²	比例/%	面积/km²	比例/%	面积/km²	比例/%		
极低覆盖度	3 795.08	1.86	130.20	0.06	159.98	0.08	450.34	0.22	-3 344.74	-1.64
低覆盖度	36 341.72	17.79	720.47	0.35	489.19	0.24	1 568.70	0.77	-34 773.02	-17.02
中覆盖度	107 444.86	52.58	25 185.38	12.33	2 158.88	1.06	3 800.20	1.86	-103 644.66	-50.72
中高覆盖度	45 053.47	22.05	145 574.45	71.25	92 382.58	45.21	32 642.19	15.97	-12 411.28	-6.07
极高覆盖度	11 691.75	5.72	32 716.38	16.01	109 136.26	53.41	165 865.47	81.18	154 173.72	75.45

的变化趋势差异较大。其中，极高覆盖度增幅最为明显，从1990年的11 691.75km²增加到2015年的165 865.47km²，增加154 173.72km²，占总面积的75.45%；中高覆盖度先增加后减少，研究时段内减少12 411.28km²，占总面积的6.07%；中覆盖度变化最明显，减少103 644.66km²，占总面积的50.72%；低覆盖度和较低覆盖度均呈减少趋势，分别减少34 773.02km²和3344.74km²，占总面积的17.02%和1.64%。整体来看，研究区植被覆盖度在25年间呈增长趋势，植被生态总体处于恢复过程中。

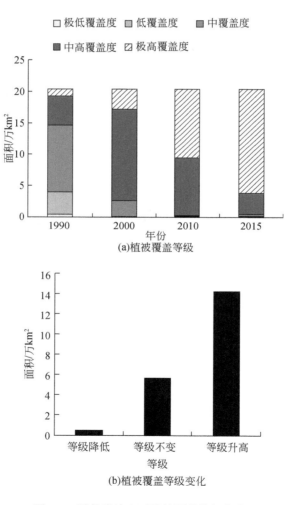

图3-4　黔桂岩溶山区植被覆盖等级变化

利用 GIS 计算出研究区 1990 ～ 2015 年植被覆盖度等级变化转移矩阵，将植被覆盖度变化情况分为 3 级，即等级升高、等级不变和等级降低。其中，植被覆盖度等级升高的面积所占比例最高，面积为 143 102.01km² ，占总面积的 70.03% ；等级不变次之，面积为 56 614.66km² ，占总面积的 27.71% ；等级降低最低，面积为 4610.23km² ，占总面积的 2.26% ；植被覆盖度等级向极高覆盖度和中高覆盖度转化为主。从 1990 ～ 2015 年植被覆盖度等级变化分布图可以看出（图 3-4），黔桂岩溶山区在空间分布上整体呈北高南低的特征。

4. 基于地理探测器方法的森林功能形态转型归因分析

地理探测器方法是用于确定森林功能形态转型的主导因素。利用地理探测器因子探测器模块分析人为因素和自然因素对森林功能形态转型的贡献率。q 值的排序为年均温度（0.042）>夜间灯光亮度（0.041）>海拔（0.040） = 年均降水量（0.040）>到最近河流的距离（0.029）>坡向（0.013）>到最近农村居民点的距离（0.006）>地形起伏度（0.005）>坡度（0.002）。表明年均温度、夜间灯光亮度、海拔和年均降水量是影响森林功能形态转型的主要因素，其次是到最近河流的距离和坡向，而到最近农村居民点的距离、地形起伏度和坡度对森林功能形态转型的影响较弱。

首先，年均温度和年均降水量是影响森林植被生长的主导因素之一，黔桂两省（自治区）的年均温度和年均降水量在空间上的不均衡分布，对研究区的植被覆盖度产生了重要的影响。其次，夜间灯光亮度在森林功能形态转型中起主要作用，主要有以下原因：①经济的发展增加了非农就业的机会，农村劳动力向非农产业转移，农户生计非农化改变了农村能源消费结构，降低了人类对植被的扰动，从而促进植被恢复；②经济的发展提升了农林产品消费结构，促进园艺作物的人工种植，进而加快森林功能形态转型。此外，海拔对森林功能形态转型影响表现在土壤、水热条件等因素的差异对植被生长造成的影响较大。

利用地理探测器交互作用模块分析各驱动因子对森林功能形态转型的交互作用。由表 3-8 可知，夜间灯光亮度与地形起伏度、夜间灯光亮度与海拔、夜间灯光亮度与坡向、夜间灯光亮度与坡度、夜间灯光亮度与年均温度、夜间灯光亮度与年均降水量、夜间灯光亮度与到最近农村居民点的距离表现为非线性增强（$qX_1 \cap X_2 > qX_1 + qX_2$）；夜间灯光亮度与到最近河流的距离表现为相互增强（$qX_1 \cap X_2 > qX_1$ 或 $qX_1 \cap X_2 > qX_2$）。各因子之间的交互作用程度排序为年均温度 ∩ 夜间灯光亮度（0.098）>年均降水量∩夜间灯光亮度（0.096）>海拔∩夜间灯光亮度（0.093）>年均温度∩年均降水量（0.082）>年均温度∩到最近河流的距离（0.081）=海拔∩最近河流的距离（0.081）。由此表明，夜间灯光亮度增强了年均温度、年均降水量和海拔对植被覆盖度的影响；年均温度增强了年均降水量和到最近河流的距离对植被覆盖度的影响；海拔增强了到最近河流的距离对植被覆盖度的影响。综上所述，森林功能形态受自然和社会经济因素交互作用的影响，且自然环境因子与社会经济环境因子叠加比单一自然环境因子或社会经济环境因子对植被覆盖的影响更具解释力。

表 3-8　森林功能形态转型的 q 值及交互作用

指标	坡向	坡度	海拔	地形起伏度	年均温度	年均降水量	到最近农村居民点的距离	到最近河流的距离	夜间灯光亮度
坡向	0.013								
坡度	0.015	0.002							
海拔	0.051	0.042	0.040						
地形起伏度	0.021	0.009	0.057	0.005					
年均温度	0.054	0.045	0.054	0.063	0.042				
年均降水量	0.060	0.045	0.074	0.074	0.082	0.040			
到最近农村居民点的距离	0.022	0.009	0.058	0.017	0.063	0.055	0.006		
到最近河流的距离	0.045	0.032	0.081	0.037	0.081	0.073	0.038	0.029	
夜间灯光亮度	0.059	0.046	0.093	0.066	0.098	0.096	0.059	0.067	0.041

3.3　本章小结

　　一方面，加快城镇化、城市经济发展是推动遵义市森林转型的有效路径。遵义市空间形态转型和功能形态转型 Global Moran's I 分别为 0.0336、0.2323，表明森林空间形态和功能形态在空间分布上体现出显著的正相关性，空间集聚特征显著。森林的空间形态转型和功能形态转型均受城镇化率与第二和第三产业比值影

响效用最大，区域城镇化与工业化发展是驱动森林转型的主要因素，凸显了经济
增长在山区森林转型过程中所发挥的积极作用。另一方面，黔桂岩溶山区生态建
设应从促进森林面积空间扩张为主向提升森林质量的内涵建设为主转型。年均降
水量、年均温度、到最近河流的距离、到最近农村居民点的距离、地形起伏度和
坡度 6 个影响因素对森林空间形态转型的贡献率最大。森林功能形态转型受自然
和社会经济因素交互作用的影响，年均温度、夜间灯光亮度、海拔和年均降水量
是森林功能形态转型最重要的控制因素。

参 考 文 献

[1] 向敬伟，李江风，曾杰. 鄂西贫困县耕地利用转型空间分异及其影响因素 [J]. 农业工程学报，2016，32（1）：272-279.

[2] Moody J，Darken C. Fast learning in networks of locally-tuned processing units [J]. Neural Computation，1989，1（2）：281-294.

[3] Tan K K，Huang S N，Seet H L. Geometrical error compensation of precision motion systems using Radial basis function [J]. IEEE Instrumentation and Measurement，2000，49（5）：984-991.

[4] Carmo J L，Rodrigues A J. Adaptive forecasting of irregular demand processes [J]. Engineering Applications of Artificial Intelligence，2004，17（2）：137-143.

[5] 龙花楼. 论土地利用转型与乡村转型发展 [J]. 地理科学进展，2012，31（2）：131-138.

[6] 刘永强，龙花楼，李加林. 长江中游经济带土地利用转型及其生态服务功能交叉敏感性研究 [J]. 地理研究，2018，37（5）：1009-1022.

[7] 徐嘉兴，李钢，陈国良. 基于 logistic 回归模型的矿区土地利用演变驱动力分析 [J]. 农业工程学报，2012，28（20）：247-255.

[8] 赵占轻，黄玲玲，张旭东，等. 张家界女儿寨小流域植被变化驱动力 [J]. 生态学报，2010，30（5）：1238-1246.

[9] 谢花林，李波. 基于 logistic 回归模型的农牧交错区土地利用变化驱动力分析——以内蒙古翁牛特旗为例 [J]. 地理研究，2008，27（2）：294-304.

[10] 金浩然，马萍萍，刘盛和. 林地变化驱动力研究中逻辑回归模型的应用 [J]. 世界林业研究，2016，29（3）：12-17.

[11] 王志成，刘新华，贾付生，等. 近 10a 阿克苏流域植被覆盖时空演变特征及影响因素 [J]. 长江科学院院报，2017，34（9）：24-28，35.

[12] 赵舒怡，宫兆宁，刘旭颖. 2001–2013 年华北地区植被覆盖度与干旱条件的相关分析 [J]. 地理学报，2017，70（2）：717-729.

[13] 王劲峰，徐成东. 地理探测器：原理与展望 [J]. 地理学报，2017，72（1）：116-134.

[14] 李秀彬，赵宇鸾. 森林转型、农地边际化与生态恢复 [J]. 中国人口·资源与环境，2011，21（10）：91-95.

|第4章| 森林转型的产品稀缺路径

竹林是全球范围内一类主要的森林资源，有第二森林之称，是重要的林木资源[1]，其隶属于禾本科竹亚科[2-4]。主要分布于亚洲、非洲以及南美洲水热条件良好的热带和亚热带区域[5,6]。中国是全球竹林分布的中心[7]，其在水土保持和固碳上具有很大作用[8,9]。20世纪90年代后，受经济社会发展竹类产品增长需求的影响，我国竹林面积稳步增长[10]。赤水市是我国十大竹乡之一，"以竹代木"战略实施，赤水市竹产业发展规模大[11]，遥感技术调查竹林面积及其空间分布效率高[12-15]。发挥光学影像和合成孔径雷达数据优势[16-18]，以赤水市竹林为研究对象，综合运用Landsat5、Landsat8-OIL和Sentinel-1融合数据提取贵州省赤水市竹林信息，并探讨赤水市竹林地的扩张机制，旨在厘清区域森林转型的产品稀缺路径。

4.1 研究方法与数据处理

4.1.1 赤水市概况

赤水市位于贵州西北地区赤水河中下游地带，南接习水县，北临四川合江县，是西南地区南下出海最为便捷的出口通道和贵州北上的重要交通枢纽，同时也是贵州最大的通江口岸，受黔中和成渝两大经济圈的双重辐射与带动，地缘区位优势十分明显。其位于105°36′E～106°14′E，28°15′N～28°45′N，东西距离为61.85km，南北距离为55.35km（图4-1）。

2017年，全市总面积1852km²，辖11镇3乡3街道，分别为官渡镇、长期镇、两河口镇、丙安镇、长沙镇、元厚镇、葫市镇、旺隆镇、大同镇、复兴镇、天台镇、宝源乡、白云乡、石堡乡、金华街道、文华街道及市中街道，总人口31.4万。

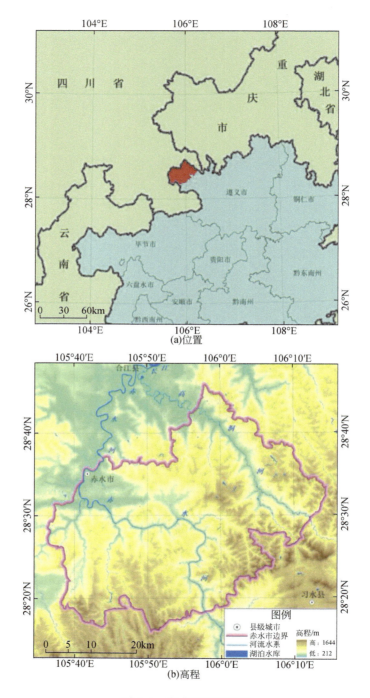

图 4-1 赤水市区位示意

4.1.2　数据来源与处理

自 20 世纪 90 年代初期赤水提出"生态立市"以来，全市坚持绿色转型之路，借助"退耕还林"政策因地制宜推动"退耕还竹"，全市竹林面积增长可观，森林转型趋势明显。因此，以 1993 年为研究基期。为准确获取竹林种植的面积和空间信息，研究采用 1993 年、2000 年、2005 年、2010 年四期 Landsat5 影像，2015 年一景 Landsat8-OIL 影像数据和 2015 年一景 Sentinel-1 影像，原始数据均从地理空间数据云平台获取，Landsat 系列数据研究区基本无云覆盖，影像质量良好。

Landsat-8 卫星多光谱波段增加了分辨率为 15m 的全色波段，能更精确地区别植被及非植被地类。A/B 两颗卫星构成的 Sentinel 卫星在重访周期上具有一定优势，为六天。

为评价影像解译及其分类的准确性，根据赤水市土地利用方式及分布，2017 年 5 月对研究区地物类型进行了实地测定，利用 GPS 对 324 个样地进行了定位、调查和记录。其中 127 个点为竹林地，农田、居民地、其他林地、未利用地、水域分别为 61 个点、60 个点、43 个点、8 个点和 25 个点。验证点均匀分布于研究区。

此外，为探讨竹林地扩张的原因，还进行了农户调查和统计数据收集。统计数据用于竹林地扩张的劳动力因素分析，主要来源于《赤水市统计年鉴》。农户问卷调查数据用于竹林扩张的经济动因分析，从竹子与水稻、大豆等传统作物种植的资金投入、产出、土地收益和劳动生产率等方面进行比较，分析不同作物类型的经济效益情况。在考虑不同区域经济发展可能存在差异的基础上，采用分层随机抽样法选取 29 个村，共获取 241 户样本，调查样本反映的是 2017 年农户土地利用投入产出情况，包含不同地块种植作物类型、种子、化肥、农药、灌溉等资金和劳动力投入情况以及地块产量、收益状况。

4.1.3　竹林地信息提取

20 世纪 80 年代，学者开始关注采取遥感手段提取竹林信息方面的研究[19]。最常见的是用 Landsat 系列影像、LISS 等中等分辨率数据来提取竹林信息[20-23]。

WorldView[24]、SPOT[25]等高分辨率影像及 MODIS 数据[26]提取的竹林信息结果更精确。杜华强等[27]以 Landsat5-TM 影像为基础数据，在波段运算后确定最佳波段组合，选取不同分类方法提取浙江省安吉县竹林信息。范渭亮等[28]在混合像元分解法的基础上，利用多种端元对竹林像元进行线性分解，最终确定优势较高的为模拟端元法。在高分辨率数据上，孙晓艳[29]在以高分辨率数据 SPOT 为数据源，提取安吉县毛竹信息，精度高达 92% 以上。崔璐等[30]基于 Landsat 影像，对多种方法进行融合，提取了全国竹林空间分布信息，在竹林提取方面提供了新的思路。郭宝华等[31]以 TM 遥感影像为基础，采用支持向量机（support vector machine，SVM）方法对福建省顺昌县的竹资源进行提取，并与传统的最大似然法进行比较，支持向量机方法提取精度高于最大似然法。

高分辨率 SAR 卫星伴随技术不断成熟，如分辨率为 5m 的 Sentinel-1[32,33]。SAR 卫星在时间上减少重访周期后，数据免费获取且重访周期减少至 6 天的 Sentinel-1双星，能用于较大面积的地表覆盖检测，也能用于灾害应急响应[34]。诸多植被的特点一般都被包含于 SAR 数据中，张晓倩[35]以全极化 Radarsat-2 影像为基础数据源，通过极化分解研究水稻以及其他地物的散射机理达到识别水稻后，最终获取水稻信息。李成绕等[36]对 SAR 影像进行滤波、地理编码等基本处理后利用面向对象分类法初步提取水体范围。郭交等[37]分别采用最大似然法和支持向量机两种方法，融合 Sentinel-1 雷达影像和 Sentinel-2 光学影像，提高农作物的分类精度，融合数据的农作物分类精度相比光学数据分类精度有所提高。

1. 影像信息提取预处理

遥感影像在获取后其精度往往不能直接满足研究需求，受限于传感器平台工作特性和其自身存在的一定运转偏差以及受到大气环境和地形特征等因素的影响，多种外部及内部条件的综合影响导致其获取的影像精度存在一定程度上的降低。因此，在使用不同卫星产品的影像时，需进行预处理以降低误差。对 1993 ~ 2015 年五期 Landsat 影像均进行几何校正、辐射定标、大气校正、地形校正、坐标转换等工作，SAR 数据 Sentinel-1 影像经过辐射校正、辐射地形校正、滤波等一系列预处理操作，与 2015 年一期 Landsat8-OIL 数据融合前需精确配准两类数据源，将 Landsat8、Sentinel-1 数据和地面真值数据转换至 1984 年世界大地坐标系（world geodetic system，WGS84），配准通过采用地面控制点（ground control point，GCP）来实现。

1) 辐射校正和几何校正

平台获取的 2015 年一景赤水市影像与其余年份数据不同，Landsat8 遥感影像为 L1T 级别。此类等级的遥感卫星数据影像产品在获取之前已经过辐射校正处理和通过 GCP 以及 DEM 等处理。在处理提供 L1T 数据时，通常使用空间分辨率以及相对精度分别为 30m、10m 的 DEM 作为数据源；使用的 GCP 库为经过美国地质调查局（United States Geological Survey，USGS）等精度检验并发布的 GLS2005（Global Land Survey 2005）控制点库，其数据精度超过 50m 和 30m 的控制点分别达到 96.69% 和 81.01%。于 Landsat8 遥感影像而言，其前几代产品由于未经几何校正并未达到 L1T 级别，其精度存在明显不足。对比研究区地形图和获取的 2015 年赤水市影像，其几何精度满足研究所需，因此，与其他四期 Landsat5 影像不同的是，2015 年一景 Landsat8 影像不需要进行辐射校正与几何校正。

2) 辐射定标和大气校正

辐射定标一般有绝对和相对两种定标类型，其核心原理都是把传感器收集的数字量化值（DN 值）或电压变换值经过数学计算换算成研究所需的辐射率或是反射率等。构造数字量化值和辐射率或辐射亮度值之间的运算关联通常是建立在不同标准射源上，以达到绝对定标的方式。与之对应的是另一种定标方式为相对定标。

两者换算关系如式（4-1）所示：

$$P_\lambda = C_P \times DN + A_P \tag{4-1}$$

式中，P_λ 为辐射亮度值，单位一般为 $W/(cm^2 \cdot \mu m \cdot sr)$；$C_P$ 为卫星传感器的增益值；A_P 为卫星传感器偏置。除此之外，所需的卫星传感器增益值和其他参数（如太阳高度角等）在计算反射率和 DN 值时均可从下载影像数据的头文件中查询调取。

为从下载的影像中得到地物反射率或者温度等数据，需对原始影像进行大气校正处理，主要工作原理是降低卫星在太空中收集信息时受太阳光照的影响，此外还能大量减少大气层对卫星收集信息时的影响，如能大幅度减低 O_2、O_3、CO_2 等成分对地物信息采集时的干扰。真实地表地物反射率在经过大气校正后通常能快速获取。绝对大气校正和相对大气校正类似于辐射定标的两种类型，大气校正同样分为两类。与绝对定标基本类似，通过数学运算计算 DN 值得到的温度等数据被称为绝对大气校正。而相对大气校正一般很少使用，通过相对大气校正得到的地物反射率，一般不包含其原始 DN 值包含的真实反射率，会一定程度上增加处理后影像上的同物异谱等差错，同样，同谱异物的问题也会增加。采用 FLAASH 大气校正工具对赤水 1993～2015 年五期影像进行大气校正，辐射定标通过软件中的 Radiometric Calibration 执行，软件平台使用 ENVI5.3。部分参数设置见表 4-1。大气校正后影像前后同一像元波谱曲线见图 4-2，其中（a）、（b）分别为处理前后结果。

表4-1 部分参数设置

类别	名称
Calibration Type	Radiance
Output Interleave	BIL
Output Data Type	Float
Radiance Scale Factors	Use single scale factor for all bands
Single scale factor	1.00
Sensor type	Landsat TM5 和 Landsat8-OIL
Flight Date	头文件查询获取
Flight Time GMT	头文件查询获取
Sensor Altitude/km	0
Ground Elevation/km	0.05
Pixel Size/m	30.00
Atmospheric Model	Tropical
Aerosol Model	Urban
Aerosol Retrieval	2-Band（K-T）
Kaufman-Tanre Aerosol Retrieval	Over-Land Retrieval Standard（660；2200nm）

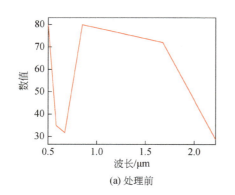

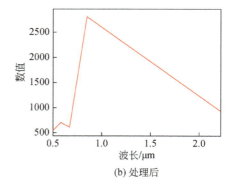

图4-2 大气校正前后波谱曲线对比

3）图像融合及裁剪

当原始影像多光谱分辨率不能满足研究需要时，可选取与之对应的分辨率更高的全色波段通过数学函数运算重采样后与之融合。图像融合（image fusion）的结果往往能得到分辨率更高。且具备两者共同特性的多光谱影像，分辨率较低的多光谱影像多波段特点以及分辨率较高的全色单波段影像在融合处理后可满足研究内容。其处理过程中的核心点在于融合方法的选取上和几何配准时是否足够精确。根据研究所需要的融合效果可以选取不同类型的融合方法来实现，如 Gram-Schmidt Pan Sharpening、HSV Sharpening 或其他几种图像融合方法在融合相同影像时得到的效果都会有一定区别，对图像融合经过多次对比试验，最终确定 Gram-Schmidt Pan Sharpening 融合处理方法，通过对 Landsat8 遥感全色数据与多光谱数据进行融合，形成兼具高空间分辨率和多光谱彩色信息的 15m 分辨率融合影像。

2. SVM 分类

支持向量机依据结构风险最小化原理，为使目标达到最佳泛化能力，其求得最佳平衡点的途径是通过少量的样本特征值和复杂的自学习能力实现。其核心思想是对于给定样本集：

$$x = (x_i, y_i), i = 1, 2, \cdots, n \tag{4-2}$$
$$其中 x \in R^d, y \in \{+1, -1\}$$

寻找最优分类平面：

$$w \cdot x + b = 0 \tag{4-3}$$

式中，i 为样本量；d 为输入维数；常数 w 及 b 为非零值，在两种情况下，分为可分和不可分两种，其最优分类超平面的约束条件和所求函数有所差异。简而言之，最终的目标识别分类是以核函数为基础，通过特征空间输入向量，构造最优分类超平面。

1）波段选择

在进行 SVM 分类之前需对影像进行分析，为最终确定 SVM 核函数、算法及参数，在其之前需要严格分析统计各波段信息，此外，波段相关系数和主成分分析等同样需要深入分析。

通过主成分分析五景 Landsat 影像，分析结果显示，91% 以上的波段总信息量都集中在第一主成分分量（PC1）上。以 2015 年 Landsat8 一景为例，构成主成分向量值大小排序为：Band5 > Band7 > Band4 > Band3 > Band6 > Band1 > Band2，Band5 贡献最大，信息最为丰富。由表 4-2 也可以看出，Band5 标准差最大，为759.464 467，显然该波段地类信息最丰富，即各地类间的差别表现或许也为最高。

表 4-2　赤水市 Landsat8-OIL 各波段信息分析统计

波段	最小值	最大值	均值	标准差
Band1	−492	3 311	114. 956 551	185. 852 209
Band2	−493	3 062	47. 716 204	139. 834 015
Band3	−339	3 268	96. 500 901	162. 439 499
Band4	−278	3 442	64. 461 174	141. 968 191
Band5	−233	4 421	639. 423 290	759. 464 467
Band6	−220	4 849	428. 508 393	556. 265 056
Band7	−354	4 833	213. 785 159	312. 280 977

分析各波段的相关系数是进行后续波段组合研究必不可少的环节，也是分析遥感影像时的一项主要指标。各波段之间的相关系数能直观反映两者之间的重叠关系，数值大小与类似部分呈正相关关系，因此在进行波段选择时不能选取相关系数较大的波段来组合，而应选取数值偏小的波段组合，使之避免数据的重叠，在降低对研究分类效率干扰的同时还能提高分类精度。Band4 波段通常与其他波段的相关性偏低，其波段的独立性较高，且 Band4 位于水体强吸收带，在处理水域时往往是首选波段，在辨识其他地类诸如耕地、草地等地物类型时，最佳选择通常是处于叶绿素主要吸收区的 Band3 波段。综合上述主成分分析等，最终确定最佳组合为 Band5、Band4、Band3 波段。因此，本研究后续输入 SVM 模型的波段组合为 Band5、Band4、Band3 波段组合（表 4-3）。

表 4-3　赤水市 Landsat8-OIL 各波段信息相关系数统计

波段	Band1	Band2	Band3	Band4	Band5	Band6	Band7
Band1	1. 000 000	—	—	—	—	—	—
Band2	0. 951 515	1. 000 000	—	—	—	—	—
Band3	0. 959 689	0. 931 139	1. 000 000	—	—	—	—
Band4	0. 912 095	0. 933 806	0. 967 179	1. 000 000	—	—	—
Band5	0. 651 545	0. 482 717	0. 744 363	0. 611 874	1. 000 000	—	—
Band6	0. 649 403	0. 510 343	0. 761 855	0. 653 178	0. 979 009	1. 000 000	—
Band7	0. 681 876	0. 586 144	0. 809 242	0. 742 597	0. 927 148	0. 977 905	1. 000 000

2） 训练样本集选择

预先选定一定数量的训练样本是 SVM 分类的核心内容，根据赤水市的实际情况和野外手持 GPS 调查所得的数据，将赤水市土地利用类型分为竹林地、其他林地、水域、未利用地、农田、居民地 6 种，建立各土地利用类型的遥感影像解译标志（表 4-4 和图 4-3）并选取训练样本。本研究采用 Jeffries-Matusita （JM）距离作为评价标准，JM 距离可衡量各类别样本之间可分离性，其参数值为 0～2.0，合格样本的判定需参数值高于 1.9，否则所选样本之间的可分离性不能很好地满足要求；参数值若低于 1.8，则需重新对样本进行选取；在参数值小于 1 的情况下，需对样本进行合并处理。经反复对比筛选，由表 4-5～表 4-9 可知，所选的各类样本之间具有较强的区分性，所有类别对之间参数值均大于 1.9，为合格样本，能满足后续研究。

表 4-4   遥感影像解译标志

地物类型	辨识指标
竹林地	黄绿色和黄色，颗粒偏小，边界清晰，形状不规则
其他林地	绿色、淡绿色或深绿色，颗粒粗糙，边界清楚，形状呈小斑点状
居民地	蓝灰色、伴随红色斑点，形状规则，结构粗糙
水域	蓝色、条带状或斑块状、形状不规则
农田	与其余地类存在明显差异对比的深红色或均匀红、条块明显、形状规则
未利用地	除上述五类以外的地类归为未利用地，为黄褐色

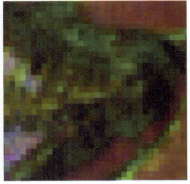

(a)竹林地   (b)其他林地

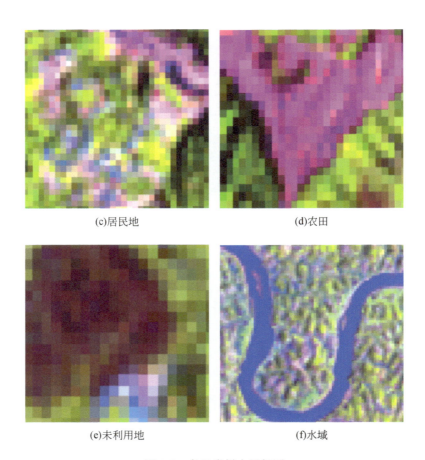

(c)居民地   (d)农田

(e)未利用地   (f)水域

图 4-3 各地类样本局部图

表 4-5 1993 年 Landsat5 年各类别之间 JM 参数值

类别对	JM 参数值	类别对	JM 参数值
竹林地/其他林地	1.939 833 85	水域/居民地	1.999 441 79
竹林地/水域	1.999 999 84	农田/其他林地	1.999 916 26
竹林地/未利用地	1.999 767 57	农田/未利用地	1.999 993 88
竹林地/农田	1.999 990 52	农田/居民地	1.997 486 88
竹林地/居民地	1.999 632 70	其他林地/未利用地	1.998 065 02
水域/其他林地	1.999 994 87	其他林地/居民地	1.998 023 19
水域/农田	1.999 722 80	居民地/未利用地	1.985 189 50
水域/未利用地	1.999 997 01		

表 4-6　2000 年 Landsat5 各类别之间 JM 参数值

类别对	JM 参数值	类别对	JM 参数值
竹林地/其他林地	1.960 016 65	水域/居民地	1.999 914 88
竹林地/水域	1.999 921 51	农田/其他林地	1.933 795 51
竹林地/未利用地	1.996 129 69	农田/未利用地	1.999 808 85
竹林地/农田	1.993 520 83	农田/居民地	1.987 047 18
竹林地/居民地	1.999 998 04	其他林地/未利用地	1.999 719 92
水域/其他林地	1.999 974 99	其他林地/居民地	1.999 970 48
水域/农田	1.968 383 91	居民地/未利用地	1.999 973 97
水域/未利用地	1.999 998 64		

表 4-7　2005 年 Landsat5 各类别之间 JM 参数值

类别对	JM 参数值	类别对	JM 参数值
竹林地/其他林地	1.915 799 86	水域/居民地	1.935 836 19
竹林地/水域	1.991 845 11	农田/其他林地	1.999 768 15
竹林地/未利用地	1.999 572 17	农田/未利用地	1.999 999 31
竹林地/农田	1.999 580 45	农田/居民地	1.988 536 96
竹林地/居民地	1.942 945 43	其他林地/未利用地	1.999 985 88
水域/其他林地	1.995 808 17	其他林地/居民地	1.989 866 69
水域/农田	1.961 839 47	居民地/未利用地	1.931 423 32
水域/未利用地	1.999 811 20		

表 4-8　2010 年 Landsat5 各类别之间 JM 参数值值

类别对	JM 参数值	类别对	JM 参数值
竹林地/其他林地	1.949 647 68	水域/居民地	1.929 716 63
竹林地/水域	1.999 928 26	农田/其他林地	1.967 939 94
竹林地/未利用地	1.986 705 70	农田/未利用地	1.999 999 75
竹林地/农田	1.999 999 69	农田/居民地	1.930 358 76
竹林地/居民地	1.971 970 50	其他林地/未利用地	1.999 965 49
水域/其他林地	1.999 901 90	其他林地/居民地	1.979 482 99
水域/农田	1.972 412 18	居民地/未利用地	1.972 230 30
水域/未利用地	1.999 959 33		

表 4-9 2015 年 Landsat8 各类别之间 JM 参数值

类别对	JM 参数值	类别对	JM 参数值
竹林地/其他林地	1.939 714 50	水域/居民地	1.999 763 93
竹林地/水域	2.000 000 00	农田/其他林地	1.984 169 20
竹林地/未利用地	1.980 576 98	农田/未利用地	1.977 854 59
竹林地/农田	1.991 296 73	农田/居民地	1.974 659 10
竹林地/居民地	1.978 445 82	其他林地/未利用地	1.989 281 68
水域/其他林地	2.000 000 00	其他林地/居民地	1.984 695 58
水域/农田	1.999 997 11	居民地/未利用地	1.969 251 24
水域/未利用地	1.999 961 99		

4.2 竹林地遥感提取与扩张特征

4.2.1 竹林地遥感解译结果

对五景 Landsat 系列影像和 2015 年 Landsat8-OIL 与 2015 年 Sentinel-1 融合数据分类提取竹林地信息，分类结果如图 4-4 所示。对比 Landsat8 单独分类和 Landsat8+Sentinel-1 融合分类，结果表明，使用 Landsat+Sentinel-1 组合分类结果优于单独使用 Landsat 数据。单独使用 Landsat 数据分类时，竹林与其他林地之间存在混淆的情况，使用多源遥感数据进行竹林分布提取时，由于雷达数据依据地物后向散射特性进行地物分类，可以有效消除竹林与其他地表覆盖类型之间的混淆，弥补 Landsat 影像的不足，进一步提高准确绘制地表覆盖类型复杂区域竹林的分布。表 4-10 对照结果显示，融合数据整体分类精度在支持向量机方法下相较光学数据提高约 3 个百分点，Kappa 系数提高约 4 个百分点。应用该方法使用融合数据提取的 2015 年赤水市竹林面积为 911.02km^2，与赤水市 2015 年国民经济和社会发展统计公报公布的年竹林面积（866.67km^2）相比，误差为 5.12%。由此可见，在支持向量机方法下，选取多源数据提取竹林信息在林业生产中存在较好的挖掘意义。

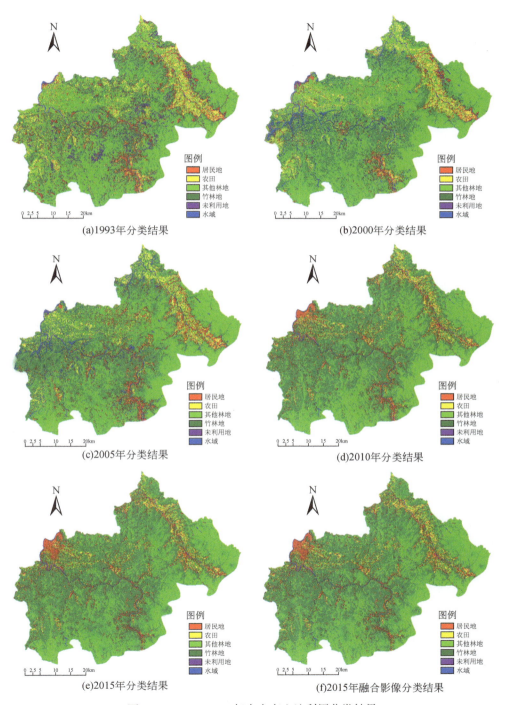

图 4-4　1993～2015 年赤水市土地利用分类结果

表 4-10　数据分类结果评估　　　　　　（单位：%）

项目	识别精度						整体分类精度	Kappa系数
	竹林地	其他林地	居民地	水域	农田	未利用地		
光学数据	73.56	71.28	94.22	97.16	92.43	87.37	79.31	77.58
融合数据	77.73	76.41	97.15	98.44	95.36	93.15	82.16	81.63

对赤水市 1993 ~ 2015 年的竹林面积及占比进行统计（表 4-11 和表 4-12）。由表 4-11 和表 4-12 可以看出，1993 年竹林地面积为 502.48km^2，2015 年竹林地面积增长至 911.02km^2，22 年间竹林地面积共增长 408.54km^2，扩张十分明显。

表 4-11　1993 ~ 2015 年赤水市各地类面积　　　　（单位：km^2）

土地利用类型	1993 年	2000 年	2005 年	2010 年	2015 年
竹林地	502.48	650.37	706.24	834.46	911.02
其他林地	790.69	747.52	716.30	623.38	574.95
农田	300.65	201.72	196.18	168.77	145.05
居民地	73.08	87.53	89.36	97.32	109.88
水域	33.32	33.85	34.73	34.10	35.02
未利用地	151.78	131.01	109.19	93.97	76.08

表 4-12　1993 ~ 2015 年赤水市各地类占比　　　　（单位：%）

土地利用类型	1993 年	2000 年	2005 年	2010 年	2015 年
竹林地	27.13	35.12	38.13	45.06	49.19
其他林地	42.69	40.36	38.68	33.66	31.05
农田	16.23	10.89	10.59	9.11	7.83
居民地	3.95	4.73	4.82	5.26	5.93
水域	1.80	1.83	1.88	1.84	1.89
未利用地	8.20	7.07	5.90	5.07	4.11

4.2.2　土地利用变化幅度和速度

通过分析赤水市各地物类型变化情况来研究赤水市竹林地变化幅度，从

表 4-11 和表 4-12 可以看出，1993 年赤水市竹林地面积为 502.48km²，占全市土地总面积的 27.13%，2000 年竹林地面积有所增长，为 650.37km²，占 35.12%，2005 年增长至 706.24km²，占 38.13%，2010 年竹林地面积呈持续扩张状态，增长至 834.46km²，占 45.06%。截至 2015 年，赤水市竹林地面积已达到 911.02km²（表 4-13），占 49.19%，22 年间净增量 408.54km²，竹林地面积的净增量是基期面积的 81.30%，扩张幅度巨大。此外，22 年间农田、未利用地和其他林地面积均有所减少，减少面积分别为 155.60km²、75.70km²、215.74km²，减少比例分别为 51.75%、49.87% 和 27.29%，农田面积减少超过基期面积的一半，未利用地面积减少也接近一半，其他林地面积减少超过基期面积的 1/4。22 年间水域面积变化不大，只增加 1.70km²，增加比例为 5.10%，居民地增加 36.80km²，增加比例为 50.36%。

表 4-13 1993～2015 年赤水市土地利用变化幅度

土地利用 类型	1993 年各地类面积		2015 年各地类面积		1993～2015 年变化幅度	
	面积/km²	比例/%	面积/km²	比例/%	净增量/km²	净增比例/%
竹林地	502.48	27.13	911.02	49.19	408.54	81.30
其他林地	790.69	42.69	574.95	31.05	−215.74	−27.29
农田	300.65	16.23	145.05	7.83	−155.60	−51.75
居民地	73.08	3.95	109.88	5.93	36.80	50.36
水域	33.32	1.80	35.02	1.89	1.70	5.10
未利用地	151.78	8.20	76.08	4.11	−75.70	−49.87

在预测模拟未来土地利用变化趋势和分析区域土地利用变化差异时，通常会先选取单一土地利用动态度来定量分析区域土地利用变化的速度[38,39]。其表达式为

$$P = [(K_b - K_a)/K_a] \times T^{-1} \times 100\% \quad (4\text{-}4)$$

式中，K_a 为研究初始年份的某一土地利用类型面积；K_b 为该区域对应的研究末期某一土地利用类型面积；T 为时间间隔，当 T 的单位为年时，求得的 P 值则是此土地类型的年变化率。

根据式（4-4）计算得到赤水市 1993～2015 年各用地类型的单一土地利用年变化率。结果显示竹林地的年变化率最大，为 3.69%；农田、居民地和未利用地次之，分别为 −2.35%、2.29%、2.27%；虽然其他林地净减少量最大，但由于基期

面积很大，年变化率相对较小，为-1.24%；水域年变化率最小，为0.23%。

综上，赤水市1993～2015年竹林地的大幅度迅速扩张是其主要特点，同时其他林地和农田面积表现为大幅度减少。竹林地的增加是近年赤水市重视生态立市，实行退耕还林还竹的结果，而竹林地的增加是否是由其他林地或其他地类转变而来，需对其进行土地利用类型的转移特征分析。

4.2.3 赤水各地类转化特征

探讨某一区域内部土地利用结构的相互转变情况通常选择土地利用转移矩阵进行定量分析，能直观体现各地类的转化趋势及其结构特征[40]。通过 ENVI 或 ArcGIS 以及其他软件平台得到研究区土地利用转移矩阵，在前文解译得到结果的基础上，本研究使用 ENVI5.3 软件统计1993～2015年赤水市土地利用转移矩阵。

从表4-14可见，1993～2000年，赤水市土地利用情况表现为农田主要转换为其他林地和竹林地，竹林地主要由其他林地和农田转换而来，其他林地主要转换为竹林地和未利用地，未利用地主要转换为竹林地和农田以及居民地，水域和居民地无明显转换趋势。

表 4-14　1993～2000 年赤水市土地利用转移矩阵　　　　（单位：km²）

土地利用类型	竹林地	其他林地	农田	水域	居民地	未利用地	总计
竹林地	434.89	39.34	16.1	0	0.53	11.62	502.48
其他林地	139.79	626.04	6.4	0.03	0.12	18.31	790.69
农田	63.89	81.95	150.45	0.41	2.87	1.08	300.65
水域	0.14	0.08	0.53	32.54	0	0.03	33.32
居民地	0.04	0	0	0	73.04	0	73.08
未利用地	11.62	0.11	28.24	0.87	10.97	99.97	151.78
总计	650.37	747.52	201.72	33.85	87.53	131.01	1852.00

从表4-15可见，2000～2005年，农田主要转换为竹林地和其他林地，竹林地主要由其他林地和农田转换而来，其他林地主要由农田和未利用地转换而来，未利用地主要转换为其他林地和竹林地，居民地转换虽不明显，但由居民地转化而成的地类面积排在首位的是未利用地。

表 4-15　2000～2005 年赤水市土地利用转移矩阵　　（单位：km²）

土地利用类型	竹林地	其他林地	农田	水域	居民地	未利用地	总计
竹林地	641.67	5.67	2.82	0.08	0.07	0.06	650.37
其他林地	35.53	678.94	31.38	0.13	0.02	1.52	747.52
农田	22.61	14.05	160.8	0.6	2.64	1.02	201.72
水域	0.15	0.07	0.28	33.29	0.06	0	33.85
居民地	0.26	0.03	0.03	0.04	86.54	0.63	87.53
未利用地	6.02	17.54	0.87	0.59	0.03	105.96	131.01
总计	706.24	716.30	196.18	34.73	89.36	109.19	1852.00

从表 4-16 可见，2005～2010 年，农田主要转换为竹林地，其次主要转换成其他林地、未利用地和居民地。竹林地方面与之前形式相同，主要由其他林地和农田转化而来，其他林地主要转换为竹林地，未利用地主要由农田转换而来，此外还有部分竹林地和其他林地转为未利用地。

表 4-16　2005～2010 年赤水市土地利用转移矩阵　　（单位：km²）

土地利用类型	竹林地	其他林地	农田	水域	居民地	未利用地	总计
竹林地	635.31	33.18	33.18	0.07	1.34	3.16	706.24
其他林地	128.08	564.61	17.5	0.16	0.88	5.07	716.30
农田	55.63	12.35	110.65	0.29	5.98	11.28	196.18
水域	0.23	0.19	0	33.56	0.31	0.44	34.73
居民地	0.05	0.29	0.21	0.02	88.79	0	89.36
未利用地	15.16	12.76	7.23	0	0.02	74.02	109.19
总计	834.46	623.38	168.77	34.10	97.32	93.97	1852.00

从表 4-17 可见，2010～2015 年，农田主要转化成竹林地和居民地，竹林地主要由其他林地转换而来，未利用地转换成竹林地的面积要高于农田转换成竹林地的面积。其他林地主要由竹林地转换而来，竹林地、其他林地、农田和未利用地都不同程度地转换成居民地，未利用地主要由其他林地转换而来。

表4-17　2010～2015年赤水市土地利用转移矩阵　（单位：km²）

土地利用类型	竹林地	其他林地	农田	水域	居民地	未利用地	总计
竹林地	785.46	45.2	0.17	0	3.34	0.29	834.46
其他林地	86.73	521.19	0.63	0.05	6.09	8.69	623.38
农田	13.95	3.01	143.35	0.16	7.21	1.09	168.77
水域	0.07	0.12	0	33.91	0	0	34.10
居民地	5.73	1.57	0.85	0	89.17	0	97.32
未利用地	19.08	3.86	0.05	0.90	4.07	66.01	93.97
总计	911.02	574.95	145.05	35.02	109.88	76.08	1852.00

总的来说，1993～2015年（表4-18），赤水市竹林地主要由其他林地和农田转换而来，将近一半的其他林地都转换成了竹林地。农田转换成其他林地和竹林地的面积占到农田基期面积的一半以上，居民地主要是由未利用地和农田转换而来，22年间水域变化幅度不明显。各种地类之间的相互转变，符合赤水市生态立市、退耕还林还竹的发展理念，土地利用结构不断优化、改善。

表4-18　1993～2015年赤水市土地利用转移矩阵　（单位：km²）

土地利用类型	竹林地	其他林地	农田	水域	居民地	未利用地	总计
竹林地	417.73	72.76	10.19	0.54	0.65	0.61	502.48
其他林地	361.75	398.69	14.05	0.46	7.08	8.66	790.69
农田	106.96	65.63	111.22	0.84	12.93	3.07	300.65
水域	0.15	0.34	0.17	32.58	0.06	0.02	33.32
居民地	2.4	0.13	0.81	0.04	67.39	2.31	73.08
未利用地	22.03	37.4	8.61	0.56	21.77	61.41	151.78
总计	911.02	574.95	145.05	35.02	109.88	76.08	1852.00

4.2.4　竹林地扩张的区域差异

使用单一土地利用类型相对变化率和区域差异指数模型进行竹林地扩张区域差异分析[41]。为分析竹林地扩张的原因，选取上述模型分析讨论。区域内某种土地利用类型相对变化率计算公式一般为

$$K = \frac{|O_{t2} - O_{t1}|}{O_{t1}} \Big/ \frac{|Q_{t2} - Q_{t1}|}{Q_{t1}} \tag{4-5}$$

区域内的土地利用变化差异表达式为

$$K = \frac{O_{t2}}{O_{t1}} \Big/ \frac{Q_{t2}}{Q_{t1}} \tag{4-6}$$

式中，O_{t1} 为研究范围内次级地区研究起始年份的某一地类面积；O_{t2} 为研究期末的地类面积；Q_{t1} 为研究起始年份的某一地类总面积；Q_{t2} 为研究期末的某一地类总面积。

式（4-5）和式（4-6）中都需要研究范围内研究期起始年份的某一地类面积数据，由于数学关系的限制，当 O_{t1} 为零时公式无意义，在分析赤水市各次级区域内竹林地信息时发现，金华街道在研究期初即 1993 年时竹林地面积为零。因此，在查阅其他相关文献后[41]，针对研究期初金华街道竹林地面积为零的情形，对上述公式相对变化率指标进行了适当修正调整，表达式为

$$K_i = \frac{|\Delta O_i|}{O} \Big/ \frac{|\Delta Q_i|}{Q} \quad (i = 1, 2, 3, \cdots, n) \tag{4-7}$$

式中，在研究时期间隔中，某一次级地区的某种地类增加或减少数值用 ΔO_i 表示，研究区范围内次级行政单元面积用 O 表示。整个研究范围内的某一地类在研究时段内的增减情况用 ΔQ_i 表示，整个研究区范围总面积用 Q 表示。研究范围内的某种地类表示为 i。

针对次级区域，某种地类的相对变化率 K 值存在三种不同情况，分别为大于 1、等于 1 和小于 1。在大于 1 的情况下，表示该种地类的变化速率超过整个研究区的平均变化速度。在等于和小于 1 时，则分别表示该种地类的变化速率与整个研究区的平均变化速率持平或低于平均变化速率。

由式（4-7）计算得出赤水市 11 镇 3 乡 3 街道竹林地相对变化率（表4-19）。由表4-19 可以看出，赤水市竹林地扩张在不同乡镇范围内存在显著差别。K 值超过 1 的有天台镇、复兴镇、宝源乡等 11 个乡镇街道，即表示这 11 个乡镇街道的竹林地相对变化率超过赤水市平均水平。石堡乡、长沙镇、长期镇等 6 个乡镇街道的 K 值小于 1，即表示这 6 个乡镇街道的竹林地相对变化率小于赤水市的平均变化水平；天台镇是 K 值超过 1 的 11 个乡镇街道中最大的，$K = 2.36$，代表天台镇的竹林地相对变化率最大，该镇竹林地扩张尤为迅速；石堡乡是赤水市内所有乡镇街道中竹林地相对变化率最小的，$K = 0.39$，扩张速度最为缓慢。对赤水

市各次级乡镇街道的竹林地扩张速率探讨，能为后文分析劳动力等因素对竹林扩张的影响奠定基础。

表 4-19   1993～2015 年赤水市乡镇街道竹林地相对变化率

乡镇街道	K	乡镇街道	K
天台镇	2.36	大同镇	1.09
复兴镇	2.11	金华街道	1.04
宝源乡	2.09	葫市镇	0.92
旺隆镇	1.74	元厚镇	0.82
丙安镇	1.71	长期镇	0.69
两河口镇	1.43	市中街道	0.51
白云乡	1.26	长沙镇	0.47
官渡镇	1.24	石堡乡	0.39
文华街道	1.13		

4.3   竹林地扩张的影响因素

农业从业者在选取作物类型时通常能决定各种地物类型的转换方向，从而影响某一区域内各地类的空间格局转变情况。赤水市竹林地的迅速增加可能是由农业从业者受当地政策以及社会经济发展等影响而改变作物类型选择所导致的，除此之外，农业从业者由于其自身的农户特性，在选择种植竹子或其他作物时往往会考虑家庭劳动力以及效益等方面的影响，最终目的是提高自身收入。

4.3.1   竹林地扩张占地的影响因素

对我国乃至全球范围内而言，自然和社会经济因素以及政策法规均是影响土地利用变化的核心因子。自然和社会经济因素两者影响土地利用变化的效果存在显著差异，一般而言前者相较后者在短期内影响土地利用发生变化效果不明显，且在影响程度上存在一定有限性，而后者则能在短时间内起决定性作用，能引起该区域土地利用发生显著改变。政策法规在改变土地利用变化的作用上与社会经济因素基本类似,在短时间内就能引导土地利用变化的方向,并能迅速调整该区域土地利用格局。

以赤水市而言,除政策法规等因素外,诸如市场及风险等因素也会改变农户的作物类型选择,最终决定其种植决策。从土地特性视角分析,赤水市 17 个乡镇街道内的自然条件方面并无明显差别,都能很好地满足各类竹子的种植与生长,然而在近乎相同的地理环境下,17 个乡镇街道的竹林扩张速度却存在显著差异。因此,社会经济和政策法规等人文因素是赤水竹林地扩张的主要原因。1993～2015 年,赤水市竹林地的大幅度扩张可能受生产要素市场和政策法规以及土地产品市场综合驱动。

从土地产品市场看,一方面,20 世纪 90 年代后期我国粮食总产量已超出人民消耗所需,供大于求,呈过饱和状态,导致粮食价格呈下降趋势;另一方面,市场对于林木原材表现出十分强烈的需求。在这种背景下,粮食等农产品和竹子价格在市场上的不同走向,有利于赤水市竹林地迅速扩张。从生产要素市场视角分析,赤水市内各纸浆厂、建材厂、竹类加工厂等不断扩大规模,需要大量劳动力,相对丰厚的薪酬吸引了许多农村劳动力转投其中,直接造成了农业劳动力大幅度减少,而种植竹子耗工极少,恰好能弥补农业劳动力流失的情况。同时,粗放的种植方式和只需投入极少量农资的竹子相对于种植其他类型作物具有更高竞争力。农业劳动力转投非农产业后,劳动力的流失加剧了农村耕地租赁情况,更有益于竹林地规模经营。在政策影响方面,赤水市在积极实施退耕还林还竹的同时,还对种植竹子的农户提供资金、农药补助等,帮助其增加收入,以达到农业结构优化的目标。上述因素可能是赤水市大量农田向竹林地转变,使得竹林地不断扩张的原因。

4.3.2 农业劳动力非农就业对竹林扩张的影响

农业从业者通常希冀以最低的成本投入获得最高的经济回报,自身经济能力、拥有土地数量以及家庭现有劳动力等是影响其抉择土地利用的重要因素。在迅速推进城镇化的背景下,大量农业劳动力流失,非农就业普遍存在,农业剩余劳动力的大量降低在 20 世纪 90 年代后期的民工潮已开始有所体现,种植业的根本矛盾是农业和非农产业在劳动力上的角逐,直接导致劳动生产率更具优势的土地利用方式成为农户的追求目的,因此,越来越多的农户在选取农作物种植类型时愈加偏向生产率更高的作物类型。

采用《赤水市统计年鉴》面板数据，定量分析农村劳动力非农就业和收入水平对竹林地扩张的影响情况，O 为赤水市各次级行政区的竹林地相对变化率，C 为非农从业人员比率，F 为年人均收入，回归方程为

$$O = 0.436C + 0.507F - 6.93 \times 10^{-16} \tag{4-8}$$

由式（4-8）可知，赤水竹林地相对变化率 O 会随着非农从业人员比率 C 和农民年人均收入 F 的增大而增大，0.436 和 0.507 分别为两自变量的偏回归系数，对式（4-8）计算检查其拟合优度，$R^2 = 0.783$ 为其调整的判定系数，表明式（4-8）的样本数据具备良好拟合程度。显著性检验的通过与否在于两自变量的显著性 t 检验概率 P 值是否低于显著性水平 $a = 0.05$，经计算 C、F 两自变量的 P 值分别为 0.019、0.027，满足要求。式（4-8）表示赤水市竹林扩张速度的快慢程度与乡镇非农从业人员比率和农民年人均收入呈正相关关系，两者数值越大，则竹林扩张速度越快，证明竹林地的扩张受劳动力非农就业驱动明显。

4.3.3 竹林种植与其他作物的经济效益比较

前文已说明农户是以提高自身经济效益为最终目的来抉择种植何种作物类型，土地利用的转变在很大程度上受经济因素影响。一般而言，农户在选取最适宜的作物类型和土地利用方式时，是在比较不同作物类型投入产出后进行选择。因此，下文将对赤水市农户主要种植的几种作物类型进行经济效益对比计算，以此评估经济效益方面对竹林扩张的影响。

利用实地调查收集的赤水市农户问卷数据，计算并分析竹子与水稻等其他几类作物的投入产出情况（表4-20）。分析 2017 年赤水市四种作物的收益情况，四种作物类型中每公顷纯收益最大的为水稻（为去除农资投入以及雇工成本后的总利润），达到 9872.1 元，其次是竹子，每公顷纯收益为 8698.67 元，大豆、玉米种植每公顷纯收益依次减少，分别为 8414 元和 7731.07 元。因竹林种植普遍耗工较少，在劳动生产率方面，相比其他三种作物优势明显，劳动生产率最大，高达 579.91 元/日，水稻次之，为 126.56 元/日，玉米为 81.81 元/日，大豆最低，为 73.81 元/日，种植竹子的劳动生产率远超水稻，为其四倍之多，优势明显。

表 4-20　2017 年赤水市竹类与其他作物投入产出状况

项目	单位	竹子	水稻	玉米	大豆
资金投入	元/hm²	3 200	7 617.31	5 398.75	3 359.69
种子	元/hm²	0	852.93	480.32	498.95
农药	元/hm²	0	362.46	334.35	378.23
化肥	元/hm²	0	3 971.92	3 183.92	1 854.14
机械	元/hm²	0	1 500	1 247.16	523.37
灌溉	元/hm²	0	900	90	75
地膜	元/hm²	0	0	0	0
雇工成本	元/hm²	3 200	30	63	30
产出	元/hm²	10 211.17	15 801.91	11 442.32	10 086.19
产量	kg/hm²	21 273.28	5 725.33	7 527.84	2 418.75
单价	元/kg	0.48	2.76	1.52	4.17
补贴收入	元/hm²	1 687.5	1 687.5	1 687.5	1 687.5
劳动投入	工日/hm²	15	78	94.5	114
纯收益	元/hm²	8 698.67※	9 872.1	7 731.07	8 414
劳动生产率	元/日	579.91	126.56	81.81	73.81

注：※说明种植竹林的每公顷土地收益没有包含竹子生长周期前 1～2 年所种植的间作作物的收益和退耕还林等政策性资金补贴收益。

需要说明的是，表 4-20 中种植竹子的补贴收入并未计算入内，而是均按其他三种大田作物每公顷 1687.5 元补贴统一计算。从农户调查统计的数据来看，如果将退耕还林后种植竹子的地块计算入内，其政策性补贴资金高达 300 元/亩①，即 4500 元/hm²（需 2003 年以前种植），这会使得种植竹子的纯收益远高于种植水稻、玉米和大豆，在经济效益的对比上其优势也会较其他三种作物更加显著。以上分析表明，在经济竞争力上，竹子明显优于水稻、玉米和大豆，在农户进行土地利用决策时应属于首选位置，种植竹子是赤水市农地的优势选择。因此，在农业劳动力不断流失减少的情形下，农业从业人员为增加经济收益，在选择作物类型时对劳动生产率更高的作物更具意向，这从经济层面上解释了近年来黔西北地区赤水市竹林快速扩张的状况。

---

① 1 亩≈666.7m²。

4.4 本 章 小 结

提取竹林使用 Landsat、Sentinel-1 组合分类结果优于单独使用 Landsat 数据。在 SVM 方法下，融合数据整体分类精度相对光学数据提高约 3 个百分点，Kappa 系数提高约 4 个百分点。赤水市竹林扩张幅度大、速率快。1993 年竹林地面积为 502.48km²，占全市土地总面积的 27.13%，到 2015 年增加至 911.02km²，占全市土地总面积的 49.19%，22 年间净增量 408.54km²，竹林扩张所占用的土地主要来源于其他林地和农田。竹林地扩张存在明显的区域差异，竹林扩张受生产要素市场、土地产品市场及政策法规因素的综合驱动，其中政策法规因素、劳动力因素和经济因素在竹林扩张占地中起主要作用，在劳动力由富余转为相对缺乏的情况下，农户为提高自身经济收益，倾向选择耗工少、种植相对粗放、劳动生产率较高的竹子，这从经济层面上解释了近年来赤水市竹林地的扩张，区域森林转型明显。

参 考 文 献

［1］ 周国模. 毛竹林生态系统中碳储量、固定及其分配与分布的研究［D］. 杭州：浙江大学，2006.

［2］ 陈丽萍，李平衡，莫路锋，等. 基于通量源区模型的雷竹林生态系统碳通量信息提取［J］. 浙江农林大学学报，2016，33（1）：1-10.

［3］ 杜华强，周国模，徐小军. 竹林生物量碳储量遥感定量估算［M］. 北京：科学出版社，2012.

［4］ Li Z H，Kobayashi M. Plantation future of bamboo in China［J］. Journal of Forestry Research，2004，15（3）：233-242.

［5］ Du H，Mao F，Li X，et al. Mapping global bamboo forest distribution using multisource remote sensing data［J］. IEEE Journal of Selected Topics in Applied Earth Observations and Remote Sensing，2018，11（5）：1-14.

［6］ Guo Q R，Yang G Y，Du T Z，et al. Carbon character of Chinese bamboo forest［J］. World Bamboo and Rattan，2005，（3）：25-28.

［7］ 崔璐. 中国竹林遥感信息提取及 NPP 时空模拟研究［D］. 杭州：浙江农林大学，2018.

［8］ 高国龙. 面向对象的高分辨率遥感影像竹林多尺度碳储量估算方法研究［D］. 杭州：浙江农林大学，2016.

［9］ 张昌顺，范少辉，谢高地. 闽北毛竹林枯落物层持水功能研究［J］. 林业科学研究，

2010, 23 (2): 259-265.

[10] Chen X G, Zhang X Q, Zhang Y P, et al. Changes of carbon stocks in bamboosantds in China during 100 years [J]. Forest Ecology and Management, 2009, 258: 1489-1496.

[11] 沈晓君, 张翔. 赤水市竹产业发展现状及对策 [J]. 现代农业科技, 2018, (18): 162-164.

[12] 杨清培, 杨光耀, 宋庆妮, 等. 竹子扩张生态学研究: 过程、后效与机制 [J]. 植物生态学报, 2015, 39 (1): 110-124.

[13] 何灵敏, 沈掌泉, 孔繁胜, 等. SVM 在多源遥感图像分类中的应用研究 [J]. 中国图象图形学报, 2007, 12 (4): 648-654.

[14] 彭望碌, 白振平, 刘湘南. 遥感概论 [M]. 北京: 高等教育出版社, 2002.

[15] 傅文杰. 基于 FSVM 的周宁县地质灾害易发性评价研究 [J]. 西北林学院学报, 2011, 26 (4): 85-89.

[16] 官凤英, 范少辉, 郗燕芳, 等. 不同分类方法在竹林遥感信息识别中的应用 [J]. 中国农学通报, 2013, 29 (1): 47-52.

[17] 范少辉, 官凤英, 苏文会, 等. 基于遥感技术的竹资源变化监测研究 [J]. 西北林学院学报, 2012, 27 (5): 169-173.

[18] 范渭亮, 杜华强, 周国模, 等. 大气校正对毛竹林生物量遥感估算的影响 [J]. 应用生态学报, 2010, 21 (1): 1-8.

[19] Morain S A. Surveying China's agricultural resources: patterns and progress from space [J]. Geocarto International, 1986, 1 (1): 15-24.

[20] Lienderman M, Liu J, Qi J, et al. Using artificial neural networks to map the spatial distribution of understorey bamboo from remote sensing data [J]. International Journal of Remote Sensing, 2004, 25 (9): 1685-1700.

[21] Wang T J, Skidmore A K, Toxopeus A G. Improved understorey bamboo cover mapping using a novel hybrid neural network and expert system [J]. International Journal of Remote Sensing, 2009, 30 (4): 965-981.

[22] Goswami J, Tajo L, Sarma K K. Bamboo resources mapping using satellite technology [J]. Current Science, 2010, 99 (5): 650-653.

[23] Wang T J, Skidmore A K. Understory bamboo discrimination using a winter image [J]. Photogrammetric Engineering and Remote Sensing, 2009, 75 (1): 37-47.

[24] Ghosh A, Joshi P K. A comparison of selected classification algorithms for mapping bamboo patches in lower gangetic plains using very high resolution worldview 2 imagery [J]. International Journal of Applied Earth Observation, 2014, 26: 298-311.

[25] Han N, Zhou G M, Sun X Y. Object- based classification using SPOT- 5 imagery for MOSO

bamboo forest mapping ［J］. International Journal of Remote Sensing, 2014, 35 （3）: 1126-1142.

［26］ Shang Z Z, Zhou G M, Du H Q. MOSO bamboo forest extraction and aboveground carbon storage estimation based on multi-source remotely sensed images ［J］. International Journal of Remote Sensing, 2013, 34 （15）: 5351-5368.

［27］ 杜华强, 周国模, 葛宏立, 等. 基于 TM 数据提取竹林遥感信息的方法 ［J］. 东北林业大学学报, 2008, （3）: 35-38.

［28］ 范渭亮, 杜华强, 周国模, 等. 模拟真实场景的混合像元分解 ［J］. 遥感学报, 2010, （6）: 1241-1258.

［29］ 孙晓艳. 面向对象的毛竹林分布遥感信息提取及调查因子估算 ［D］. 杭州: 浙江农林大学, 2014.

［30］ 崔璐, 杜华强, 周国模, 等. 决策树结合混合像元分解的中国竹林遥感信息提取 ［J］. 遥感学报, 2019, 23 （1）: 166-176.

［31］ 郭宝华, 范少辉, 官凤英, 等. 基于支持向量机的竹林信息提取研究 ［J］. 西北林学院学报, 2014, 29 （2）: 80-84.

［32］ 陈志国. 高分辨率 SAR 卫星影像洪水区域提取应用研究 ［D］. 武汉: 武汉大学, 2017.

［33］ 贾诗超, 薛东剑, 李成绕, 等. 基于 Sentinel-1 数据的水体信息提取方法研究 ［J］. 人民长江, 2019, 50 （2）: 213-217.

［34］ 朱立先, 惠凤鸣, 张智伦, 等. 基于 Sentinel-1A/B SAR 数据的西北航道海冰分类研究 ［J］. 北京师范大学学报（自然科学版）, 2019, （1）: 66-76.

［35］ 张晓倩. 基于全极化 SAR 数据的水稻识别与作物参数估算模型 ［D］. 北京: 中国地质大学（北京）, 2012.

［36］ 李成绕, 薛东剑, 张露, 等. 基于 Sentinel-1A 卫星 SAR 数据的水体提取方法研究 ［J］. 地理空间信息, 2018, 16 （1）: 38-47.

［37］ 郭交, 朱琳, 靳标. 基于 Sentinel-1 和 Sentinel-2 数据融合的农作物分类 ［J］. 农业机械学报, 2018, 49 （4）: 192-198.

［38］ 高凌寒, 赵鹏祥, 张晓莉. 西宁市主城区土地利用时空变化驱动力分析 ［J］. 水土保持研究, 2017, 24 （2）: 234-239.

［39］ 朱会义, 李秀彬, 何书金, 等. 环渤海地区土地利用的时空变化分析. 地理学报, 2001, 56 （3）: 253-260.

［40］ 王秀兰, 包玉海. 土地利用动态变化研究方法探讨. 地理科学进展, 1999, 18 （1）: 81-87.

［41］ 赵宇鸾, 李秀彬, 辛良杰, 等. 华北平原"杨上粮下"现象的驱动机制——以河北省文安县为例 ［J］. 地理研究, 2012, 31 （2）: 323-333.

第5章 | 森林转型的土地边际化因素

采用参与式访谈法，根据农户家庭耕地利用现状、家庭人口特征等，对农户耕地撂荒影响因素展开描述性统计分析，运用多层线性模型（hierarchical linear model，HLM）对农户耕地撂荒的影响因素进行计量分析，探讨影响耕地撂荒的三个层面：地块尺度、农户尺度和村庄尺度来诠释各个层面对耕地撂荒的影响程度，有助于认清山区耕地撂荒的机理，耕地边际化有利于区域撂荒地正向演替和生态恢复，旨在厘清区域森林转型的土地边际化因素。

5.1 研究方法与数据处理

5.1.1 沿河土家族自治县概况

沿河土家族自治县地处贵州省东北角（$108°3'49''E \sim 108°37'53''E$，$28°12'45''N \sim 29°5'23''N$），土地面积 $2483.51km^2$，南北长 98.28km，东西宽53km（图5-1）。沿河土家族自治县现辖4个街道、17个镇、2个乡：和平街道、团结街道、沙子街道、祐溪街道、中界镇、谯家镇、夹石镇、甘溪镇、淇滩镇、黑水镇、板场镇、官舟镇、土地坳镇、泉坝镇、中寨镇、思渠镇、黄土镇、新景镇、客田镇、洪渡镇、塘坝镇、晓景乡、后坪乡，426个村民委员会、23个社区委员会，县城所在地为团结街道。

沿河土家族自治县属中亚热带季风湿润气候，四季分明，气候垂直差异明显，水热同期，光温同步，干旱、低温、暴雨、冰雹、大风等灾害性天气频发。1990～2014年，年平均气温 17.1～18.8℃，年日照时数 972.6～1236.5h，无霜期 264～356 天，年平均降水量 755.5～1507.2mm，年最大日降水量月份集中在6～8月。沿河土家族自治县位于贵州高原向湘西丘陵和四川盆地过渡的东北边缘斜坡、大娄山脉与武陵山脉交错地带，乌江由南至北纵贯全境，地势西北部和

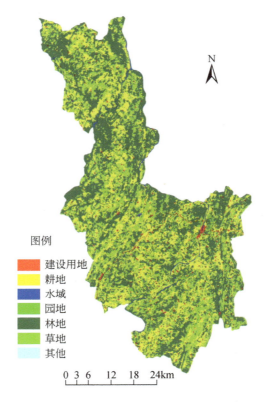

图 5-1　沿河土家族自治县 2010 年土地利用

东南部高，中部低，由西北、东南向中部乌江河谷倾斜，全县山峰有 8815 座，平均每平方千米 3.6 座，山地占 69.9%，丘陵占 27%，坝地占 3.1%，岩溶区占 72.6%，非岩溶区占 27.4%，是典型的岩溶山区。

2015 年末，沿河土家族自治县户籍人口 67.67 万，常住人口 45.08 万，人口出生率 10.16‰，死亡率 5.23‰，自然增长率 4.93‰，人口外流率达到 33.38%。农村劳动力受教育水平较低，沿河土家族自治县 2015 年农村住户调查资料显示，劳动力文化程度不识字或少识字、小学、中学、中专及以上分别占被调查劳动力的 21.98%、42.85%、33.52% 和 1.65%。2015 年沿河土家族自治县统计年鉴显示，全县地区生产总值 84.55 亿元，第一、第二、第三产业占比分别为 31.5%、18.3% 和 50.2%，国民经济发展不均衡，农业在国民经济中仍占有重要地位，农业生产以粮食生产为主，经济作物主要有烤烟、蔬菜、油料和药材等，农业机械总动力 34.66 万 kW；工业生产比较落后，以重工业和矿产、水力资源开发等传统工业为主；第三产业发展较快，特别是近年来沿河土家族自治县的旅游业加速发展，2015 年占地区生产总值的比例超过 25%，已达到一定规模，全年旅游总人数 310 万人次，比 2014 年增长 20.6%。

5.1.2 数据来源与处理

自家庭联产承包责任制实施以来，中国的农业生产基本都是以单个农户为基本单位，农户对耕地农业生产拥有决定权，土地是继续耕种还是撂荒由农户根据所拥有的资源条件进行优化配置。从农户手中得到第一手数据是分析耕地撂荒原因和机理的前提，因此研究选择农户问卷调查数据作为数据源来开展分析。针对沿河土家族自治县耕地撂荒的研究，对农户的调查共进行了两次。第一次问卷调查是在 2015 年 7 月到沿河土家族自治县进行的，以沿河土家族自治县中南部乡镇街道为主，涉及 10 个乡镇街道、18 个自然村的 130 多个农户。根据前期计划，针对第一次调研经验不足、部分数据不够完善、有效问卷偏少等问题，课题组在 2016 年 9 月到沿河土家族自治县进行了第二次农户问卷补充调查，以沿河土家族自治县中北部为主，共完成了 9 个乡镇街道、19 个村的 196 份农户的调查问卷。综合两次问卷调查，共回收 18 个乡镇街道、37 个村庄、323 份有效问卷（图 5-2）。选取的采样点都位于山区，耕地撂荒比较严重，样本村选取原则为兼顾经济发展、地形特征梯度差异，分层随机抽样法。农业投入产出、地块分类等方面进行了较为全面规范的调查工作。两次农户问卷调查数据相互补充，为进行沿河土家族自治县耕地撂荒提供了更有力的数据支撑。

1. 第一次农户问卷调查

1）农户抽样与样本分布

第一次农户问卷调查是在 2015 年 7 月到沿河土家族自治县开展的面上问卷调查。根据设想，第一次农户调研区域主要涉及沿河土家族自治县东南部、中南部地区，并对北部地区进行部分调研，此次调研涉及沿河土家族自治县 10 个乡镇街道、18 个自然村的 130 多个农户。根据 2015 年 4 月进行的前期路线调查获得的认识，海拔高的地区耕地较少，坡耕地多，撂荒情况相对海拔低的地区撂荒严重。因此，这次抽样分别选取了 10 个乡镇街道，即沙子街道、夹石镇、甘溪镇、谯家镇、黑水镇、淇滩镇、官舟镇、黄土镇、思渠镇、塘坝镇作为样本乡镇

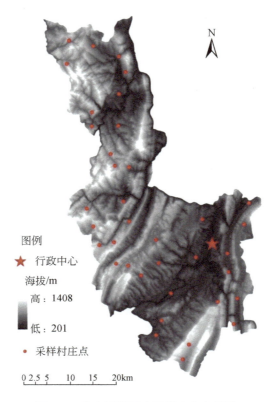

图 5-2　农户问卷调查的样本分布情况

街道。

　　根据每个乡镇街道的大小和地域跨度，每个乡镇街道内选取区位条件（离公路的远近）和经济状况差异较大的 1~3 个自然村，根据每个自然村的大小随机抽取6~12 个农户进行调查。共完成了 18 个村的 155 份农户的调查问卷，其中有效问卷 135 份。抽查到的有效样本农户所承包的耕地共计 624 块①，面积合计1113.5 亩。

　　2）调查内容

　　由于耕地撂荒是多年期土地利用变化的表征，也就是说，至少需要两年的土地利用情况进行对比才能获得撂荒的数据。为了获取撂荒情况，统计家庭联产承

――――――――――

　　①　为避免耕地计算重复，根据农户自有耕地和租入他人耕地计算，出租地块未予计算。

包责任制实施以来农户承包耕地资源的来源和去向，并将其分为四类①：第一类是正在经营的耕地；第二类是已经发生撂荒的耕地；第三类是退耕还林政策中退还给林地的耕地；第四类是租入和租出的耕地。

将四类耕地包含的地块逐一记录其属性，包括面积大小、坡度、地形、土地质量、距家远近等基本属性。正在经营的耕地还记录了该地块上种植的作物类型、作物的投入产出情况（包含种子、化肥、杀虫剂、农药、地膜、农家肥、劳动工时投入、产量、市场购销、市场购销价格等情况）；租入和租出的耕地还记录了转入耕地的流转方式、流转年限、流转租金等；已经发生撂荒的耕地还记录了撂荒年限、撂荒原因等。对于退耕还林政策中退还给林地的耕地，除了记录其基本属性外，还记录了退耕年限、退耕意愿、退耕补贴等指标。

为配合研究耕地撂荒影响因素的研究，除了对地块进行记录以外，还对农户家庭基本情况（家庭人口数、耕地面积、家庭支出、主要收入来源、家庭资产、农业机械设备等）、农户家庭劳动力资源状况（性别、年龄、教育程度、从业类型、务工时间地点、务工收入和务工消费、务农情况）等进行记录（表 5-1）。

表 5-1　第一次农户问卷调查的主要内容

农户信息	内容
家庭基本情况	家庭人口数、耕地面积、家庭支出、主要收入来源、家庭资产、农业机械设备等
劳动力资源状况	性别、年龄、民族、受教育水平、务农时间、务工地点和时间、收支状况等
土地资源状况	分别对正在经营地块、撂荒地块、退耕地块、流转地块等土地利用类型登记了地块面积、坡度、地形、土地质量、距家远近、种植作物、是否撂荒、是否流转、撂荒年限及原因、流转形式等
主要生产资料的总投入及价格	种子、化肥、杀虫剂、农药、地膜、农家肥、劳动工时投入、产量、市场购销、市场购销价格等情况

资料来源：第一次农户调查问卷。

2. 第二次农户问卷调查

1）抽样方法和样本分布

通过第一次农户问卷调查，基于项目组调研设想，为全面了解沿河土家族自

---

① 修建乡村公路、建设垃圾站等占用的耕地面积较小，并且这部分土地用途不能由本人自由决定，所以这部分改变用途的耕地虽然进行了登记，但未计入农户耕地现状的调查数据。

治县耕地撂荒情况，弥补第一次调研在技术和时间上的不足，开展了第二次农户调查，重点对沿河土家族自治县北部、西部地区进行调研。项目组于 2016 年 9 月到沿河土家族自治县进行第二次农户问卷调查。此次调查选择的区域为沿河土家族自治县的西部和北部。分别选取了 9 个乡镇街道，即洪渡镇、塘坝镇、后坪乡、客田镇、中寨镇、泉坝镇、板场镇、中界镇、晓景乡作为样本乡镇街道。

根据每个乡镇街道的大小和地域跨度，每个乡镇街道内选取区位条件（离公路的远近）和经济状况差异较大的 2 ~ 3 个自然村，根据每个自然村的大小随机抽取 7 ~ 12 个农户进行调查。共完成了 19 个村的 196 份农户的调查问卷，其中有效问卷 188 份。为避免耕地计算重复，根据农户自有耕地和租入他人耕地计算，出租地块未予计算，样本农户所承包的耕地共计 1270 块，面积合计 2258.98 亩。

2）调查内容

第二次农户问卷调查与第一次农户问卷调查的内容接近，主要是为了了解家庭经济状况、增加的房屋数量和新建房屋的建造价格、家用电器、交通工具、农户对移民搬迁政策的了解和搬迁意愿等，方便对农户经济条件进行综合评估。

3. 空间数据

除农户调查问卷数据外，其他的数据源还包括沿河土家族自治县 DEM、村级行政区划图、土地利用现状图等。其中，DEM 和制作土地利用现状图运用的遥感影像解译数据来源于贵州省山地资源与环境遥感应用重点实验室，乡镇街道和村级行政区划图来自沿河土家族自治县自然资源局和民政局。

4. 数据使用说明

DEM 和土地利用现状图运用的遥感影像解译数据主要用来介绍沿河土家族自治县的基本地理环境和位置信息。第一次和第二次农户问卷调查数据涉及的范围广，包含了沿河土家族自治县的绝大部分乡镇街道，能够反映全县耕地的整体状况，因此在对耕地撂荒特征和影响因素的探讨中，使用了两次农户问卷调查的农户和地块数据。其他没有用到的数据主要为撂荒分析提供一些辅助，来验证调研问卷的合理性。

两次农户问卷调查均包含农户参与退耕还林工程的情况，但是由于这类退耕属于政策性行为，其中有补贴的影响，也不排除行政指令的作用。为客观反映农户在市场规律作用下的弃耕行为，在以后分析过程中，只考虑农户由于自身原因占主导地位，顺应国家政策进行的退耕行为和农户自愿弃耕的现象，未将政府划定的退耕还林的行为考虑在内。这里使用的农户耕地资源可定义为：属于农户承包经营权内的正在经营的耕地、已经发生撂荒的耕地和租入的耕地。由于山区特殊的地理环境，地块破碎、面积大小不一，农户随意开垦小块耕地的现象普遍，结合山区实际，为方便记录比较，这里规定农户耕地的地块面积应该大于或等于0.2亩。

5.1.3　研究方法

1. 农户问卷调查法

农户问卷调查是一种较为真实有效的获取数据的方法。采用分层调查与随机抽样相结合的方法，对案例区内的农户进行抽样调查。调查的内容包括家庭收入情况、家庭成员属性、劳动力从业情况、耕地资源及其分布、作物投入产出等内容。调查过程包括问卷设计、问卷抽样预调研、反馈与修改、实地调研、问卷数据录入和数据整理分析等环节。

2. 多层次分析模型

多层次分析模型产生的近二十年来，多层统计分析模型或多水平模型（multilevel models）已广泛地应用于社会科学各领域，如教育学、心理学、社会学、经济学和公共卫生研究等学科领域[1-3]。多层统计分析模型所分析的多层数据（multilevel data）或分层数据（hierarchical data）不仅包括从微观角度所观察到的信息，也包括从宏观角度所得到的数据。

不仅在社会学和医学等领域，而且在耕地利用的研究中，同样也存在一个层次或者分级结构的问题。耕地的利用是多种层面因素综合作用的结果。耕地的利用一方面与内因有关，耕地的自然条件，如耕地的质量、坡度、水肥条件、光照等自身条件；另一方面与外在环境也有很大的关系，在同样自然条件下，可能会因为不同耕地使用者自身禀赋的差异而对耕地利用的方式和程度会有不同。除此之外，即使耕地的自然属性一样、农户自身禀赋相似，村庄所在的区位和海拔等因素也会影响耕地的利用方式。耕地的自然属性、耕地使用者自身禀赋和区位等因素，也可以看成一个影响耕地利用的分层结构，所以在耕地利用的研究上多层次分析模型是适合和需要的研究方法。

传统线性模型的基本假设是线性、正态、方差齐性及独立，后两条假设在嵌套性的取样中往往不能成立，同组内的个体比不同组内的个体更相近，也就是存在组内相关问题[4]。那么组内相关问题的存在也意味着观察项在组间存在差异，也就是组间异质。不同组的抽样可能是独立的，但是同组内的抽样在很多变量上取值可能相似。

在 20 世纪 90 年代多层线性模型诞生之前，研究者通常在个体层上进行回归分析。先把回归系数保存下来，并把这些统计量与在第二层所观察到的变量混合在一起进行另一个回归分析[4]。因此，多层次分析模型又被称为"回归的回归"。

多层线性模型的参数估计方法相比类似的统计工具更为稳定。多层线性模型可以同时探讨微观与宏观水平变量对被解释变量的效应，以及跨水平交互作用的性质和程度。

多层线性模型的基本形式包括三个公式：

$$Y_{ij} = \beta_{0j} + \beta_{1j} X_{ij} + \gamma_{ij} \tag{5-1}$$

$$\beta_{0j} = \gamma_{00} + u_{0j} \tag{5-2}$$

$$\beta_{1j} = \gamma_{10} + u_{1j} \tag{5-3}$$

式中，下标 i 代表第一层个体（如地块）；下标 j 代表第一层个体所隶属的第二层的单位（如农户）；γ_{00} 和 γ_{10} 分别是 β_{0j} 和 β_{1j} 的固定部分；u_{0j} 和 u_{1j} 分别是 β_{0j} 和 β_{1j} 的随机成分，它们代表第二层单位之间的变异。

方差和协方差表述如下：

$$\text{Var}(u_{0j}) = \tau_{00} \tag{5-4}$$

$$\text{Var}(u_{1j}) = \tau_{11} \tag{5-5}$$

$$\text{cov}(u_{0j}, u_{1j}) = \tau_{01} \tag{5-6}$$

用式（5-2）和式（5-3）替换式（5-1）及相应项，就会得到

$$Y_{ij} = \gamma_{00} + \gamma_{10} X_{ij} + u_{0j} + u_{1j} X_{ij} + \gamma_{ij} \tag{5-7}$$

式中，$u_{0j} + u_{1j} X_{ij} + \gamma_{ij}$ 是残差项。因为每一个第二层单位内的所有个体都有相同的 u_{0j} 和 u_{1j}，所以在相同的第二层单位内的个体之间的相似性，就比第二层不同单位内的个体之间的相似性高，这就是相关残差的来源。

3. 变量中心化问题

在一般的回归分析中多数人不关心截距问题，因为在特定研究问题的背景

中，截距往往是没有意义的。例如，X是一个成人总体的年龄，那么截距将是没有任何意义的。因为它指的是$X = 0$（岁）时的Y值。对一个成人总体来讲，0 岁是没有意义的。大多数研究者进行回归分析时只关注回归系数。解决这个问题的方法通常就是使用中心化的方法，就是将解释变量x减去其平均数后得到的新值。在实际的变量中心化的处理上，应根据研究内容选择中心化方法。中心化方法的选择是多层线性模型中的一个关键问题，它直接影响到模型参数的估计和解释，所以在研究中变量中心化的选择也是很重要的。

多层次分析模型对山区耕地撂荒进行分析，是一个嵌套的模型，首先是在地块层面，然后加入农户层面，最后村庄尺度进入模型，形成一个环环相扣的体系（图 5-3）。

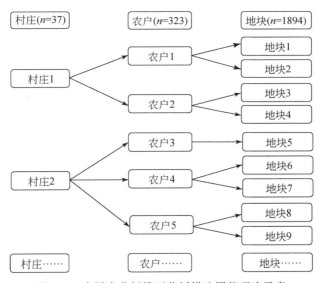

图 5-3　多层次分析模型分析耕地撂荒理论示意

5.2　农户调研问卷的基本统计

5.2.1　研究区被调查农户家庭特征

利用农户问卷调查数据，分析农户家庭特征和土地资源的基本情况，探讨影响耕地撂荒的影响因素。根据样本农户调查数据的统计，农户家庭人口规模以每户 3～4 人为主，共有 125 户，占统计样本的 38.7%，其次是每户 5～6 人的家庭，共 112 户，占统计样本的 34.67%，再次是 2 人及以下的家庭，共 53 户，占统计样本的 16.41%，最后是 7 人及以上的家庭，共 33 户，占统计样本的 10.22%（图 5-4）。

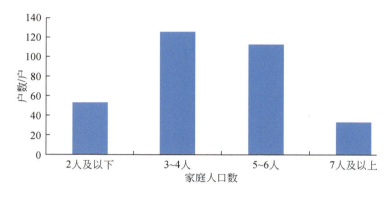

图 5-4　农户家庭人口规模

根据调查统计结果，农户家庭务农人数以 2 人为主，共有 206 户，占统计样本的 63.78%，这其中包括以务农为主，兼做零工的人群；只有极少数家庭的务农人数超过 2 人，主要是因为劳动及价格上涨，带动了农村劳动力外出寻求更多的就业，追求更高的工资水平；有一部分家庭外出务工或者年老体弱，导致全部家庭成员不再从事农业生产活动，这部分共有 15 户，占统计样本的 4.64%（图 5-5），可以预见的是这类非农户会越来越多。

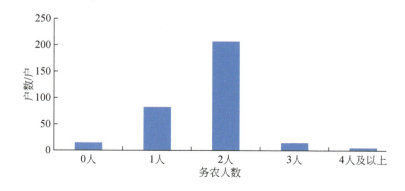

图 5-5　农户家庭务农人数

根据调查数据中的农户务农劳动力受教育情况，将样本家庭农户务农劳动力的受教育年限分为 0 年、0~3 年（不包含 0 年）、3~6 年（不包含 3 年）、6~9 年（不包含 6 年）、9 年以上（不包含 9 年）五个层次。调查问卷统计结果显示，农户务农劳动力受教育情况以小学和初中为主，分别占统计样本的 54.18% 和 22.6%，还有 65 户务农劳动力受教育年限为 0，占比高达 20.12%（图 5-6）。一方面说明了农户家庭劳动力文化水平偏低，另一方面反映了农村对文化水平高的人群没有吸引力。

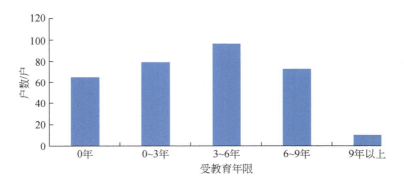

图 5-6 农户务农劳动力受教育情况

5.2.2 研究区耕地撂荒分布特征

根据农户问卷调查，调查的农户地块共 1894 块，耕地资源总面积为 3372.48 亩，发生撂荒的耕地数量为 816 块，共计 970.65 亩。撂荒的分布特征从耕作距离、坡度、耕地质量等方面逐一考察耕地撂荒率的变化特征。

1. 撂荒地块的耕作距离分布特征

如图 5-7 所示，本书利用第一次农户问卷调查数据，将耕作距离按照 0.5km 的间隔进行等距划分区段。这里的撂荒率是指每个区段内的撂荒地块数。

随着耕作距离增加，撂荒率呈上升趋势（图 5-7）。根据撂荒率的高低和增长速度，可分为三个区段：耕作距离在 0.5km 以内的耕地撂荒率较低，并且耕地撂荒率随耕作距离的增加而增长平缓。耕作距离在 0.5~2km 的耕地撂荒率加快增长，并且随着耕作距离的增加，耕地撂荒率较快增长。耕作距离 2km 以外的耕

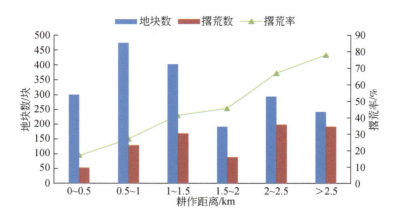

图 5-7 不同耕作距离的撂荒地块数和撂荒率分布状况

地撂荒率较高，撂荒率达 60% 以上，并且随着耕作距离的增加，耕地撂荒率急速增长。

2. 撂荒地块的坡度分布特征

农户问卷调查中，根据地形中常用的坡度分级，将其分为 6° 以下、6°～15°、15°～25° 和 25° 以上四个级别定义被调查农户的所有地块的坡度级别。农户问卷调查的结果显示，坡度越陡，撂荒率越高。坡度较陡的 15°～25° 和 25° 以上地块的撂荒率分别达到 61.56% 和 83.76%（图 5-8）。

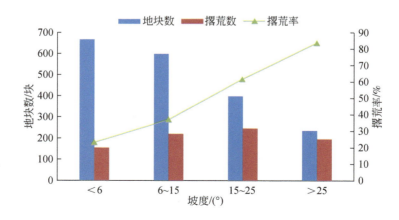

图 5-8 不同坡度耕地的撂荒地块数和撂荒率分布状况

3. 撂荒地块的耕地质量分布特征

部分被调查农户土地承包权证书遗失或者未从父辈手中获取，所以这里耕地质量是采用问卷中农户查看土地承包证和农户对耕地质量的描述相结合的手段获取耕地的质量，分为一等、二等、三等和四等耕地。其中一等耕地为最优质的耕地，二等耕地次之，三等耕地再次，最差的耕地为四等耕地。从数量上看，农户撂荒的耕地有 816 块，其中三等、四等耕地有 620 块。农户问卷调查的数据显示，质量较好的一等、二等耕地撂荒较少，质量较差的三等、四等耕地撂荒面积大，撂荒率高，尤其是四等耕地，撂荒率达到 90% 以上（图 5-9）。

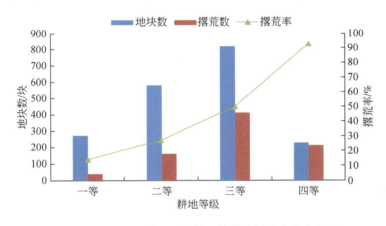

图 5-9　不同质量耕地的撂荒地块数和撂荒率分布状况

耕地坡度分级，将其分为 6°以下、6°~15°、15°~25°和 25°以上四个级别，用 1、2、3、4 分别代表记录；耕地质量分为一等、二等、三等和四等耕地，用 1、2、3、4 分别代表记录。通过不同质量耕地的撂荒地块数和撂荒率分布状况，两者的 Pearson 相关系数为 0.706，发现耕地质量和坡度存在显著的相关性（图 5-10）。

5.2.3　不同耕地的投入-产出对比

山区耕地普遍质量差、数量少、坡度大、分布零碎，往往占用大量的劳动力，在这种情况下，身体条件允许的青壮年劳动力外出务工的愿望就比较强烈，以减轻家庭压力和增加经济收入，青壮年劳动力非农就业，导致一些质量差、坡

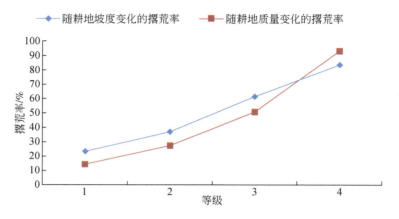

图 5-10　随耕地坡度和质量变化的摺荒率分布

度大、面积小的耕地被摺荒。农户会根据自己家庭劳动力状况、土地的质量和数量，以追求家庭利益最大化为目标，实行专业生产，作物种类减少[5]，土地复种指数下降，产生农地粗放化现象[6]（图 5-11）。

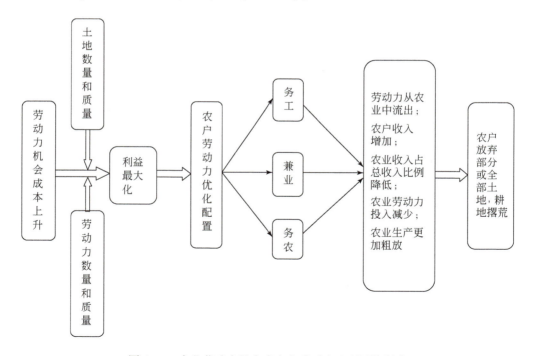

图 5-11　农业劳动力机会成本上升对农地利用的影响

根据第二次沿河土家族自治县农户问卷调查数据，选取沿河土家族自治县种植最为普遍的玉米、玉米-红苕、玉米-土豆这三种土地利用方式计算地块的投入产出状况，在这个过程仅考虑耕地上所种作物的不同、耕地质量的不同，计算平均投入和产出水平（表5-2）。

表 5-2 不同质量耕地在三种主要利用方式下的经营效益对比

项目	单位	玉米		玉米-红苕		玉米-土豆	
		平地	坡地	平地	坡地	平地	坡地
产量	斤/hm²	9 883.05	4 816.5	33 346.5	19 633.5	31 900.5	18 687.9
种子投入	元/hm²	438.75	504	2 321.1	1 709.25	1 883.1	1 402.5
化肥投入	元/hm²	2 423.7	2 320.35	4 707	4 563	4 552.5	4 434
除草剂投入	元/hm²	292.5	251.25	0	0	0	0
农药投入	元/hm²	188.25	140.55	21	20.25	19.5	17.55
地膜投入	元/hm²	64.95	64.95	0	0	0	0
灌溉投入	元/hm²	0	0	0	0	0	0
用工	天/hm²	231.75	189	376.5	519	429	561.6
纯收益	元/hm²	8 451.45	2 498.7	18 738.6	10 253.4	20 675.25	11 443.95
劳动生产率	元/天	36.47	13.22	49.77	19.76	48.19	20.38

注：1 斤=0.5kg。

资料来源：第二次农户问卷调查。

从表5-2中可以看到，从种植模式的选择上看，玉米模式、玉米-土豆、玉米-红苕这三种当地主要的土地利用形式纯收益最高的是玉米-土豆套种模式，其次是玉米-红苕套种模式，最低的是单独种植玉米模式。可见，去除劳动力投入因素后，玉米和其他作物套种的纯收益要明显高于玉米种植。从不同土地类型的纯收益角度来看，在这三种土地利用情况下，平地纯收益都要高于坡地纯收益，玉米、玉米-红苕、玉米-土豆这三种土地利用方式下，平地纯收益分别为8451.45 元/hm²、18 738.6 元/hm² 和20 675.25 元/hm²，而在坡地上的纯收益分别仅为2498.7 元/hm²、10 253.4 元/hm²、11 443.95 元/hm²。从劳动效率方面来看，玉米、玉米-红苕、玉米-土豆这三种土地利用方式下，平地上的劳动生产率也要高于坡地，平地上的劳动生产率分别为 36.47 元/天、49.77 元/天、48.19 元/天，与此同时，坡地上的劳动生产率则分别为 13.22 元/天、19.76 元/天、20.38 元/天。对比沿河土家族自治县三种主要利用方式下的亩均投入产出情况，可以清楚地发现，坡地和平地相比，其纯收益和劳动生产率均处于劣势，在得不到心理预期的经济效益时，农户就会选择放弃坡地的耕种。所以经济方面的因素是农民选择撂荒坡地最为重要的原因。

5.3　农户耕地撂荒影响因素的多层线性分析

耕地撂荒和地块属性、农户属性和村庄属性有一定的关系，这些因素中包含了地块尺度、农户尺度和村庄尺度三个尺度的因素。耕地撂荒可能受地块自然和位置特征、农户家庭劳动力、村庄的区位和地理环境等多方面影响。这样就形成了一个分层，所以运用多层次分析法对影响耕地撂荒的因素进行识别和量化。

5.3.1　耕地撂荒的多层次分析模型

首先从普通 Logistic 回归模型出发，逐步解释用以分析耕地撂荒的多层次分析模型的构建过程。为简便清晰起见，在每一层中仅引入一个解释变量来说明，并利用式（5-8）中 Logit 变换，将 Logistic 模型转换为线性模型，见式（5-9）。

$$\eta = \mathrm{Logit}\left(\frac{P}{1-P}\right) \tag{5-8}$$

$$\eta = \beta_0 + \beta_1 X \tag{5-9}$$

式中，η 作为被解释变量，表示发生撂荒与不发生撂荒的优势的对数形式；P 是一个地块发生撂荒的概率；X 是解释变量，是待估参数；β_0 和 β_1 为常数。这是仅包含地块层次上的模型。在普通 Logistic 回归模型中，回归系数是唯一固定不变的值，也就意味着所有样本的解释变量和响应变量都表现出相同的关系。这个模型要求随机分布和均值为 0 的假设。但是，多数地理和社会经济现象往往表现出组内近似组间差异的情况，从而违反了随机分布和同方差的假设。在这种情况下，随机模型是比较恰当的选择。

根据调研数据，耕地撂荒与地块的质量、耕作距离、坡度、家庭劳动力资源禀赋以及村庄的海拔等呈现出一定程度的相关关系。这些因素中包含了地块尺度、农户尺度和村庄尺度三个尺度的因素。因此，解释耕地撂荒的多层次分析模型引入地块尺度、农户尺度和村庄尺度三个层次的解释变量。首先从两层模型的空模型建立开始。空模型常常用来探测高一级层次的变异是否显著，是否需要引入高层次的变量，另外，还可以用来检测各层次对于响应变量的解释程度。为了清楚起见，用下标 i、j 和 k 分别代表第一层（地块尺度）、第二层（农户尺度）

和第三层（村庄尺度）。

$$\text{Logit}\left(\frac{P_j}{1-P_j}\right) = \gamma_{00} + U_{0j} \tag{5-10}$$

式中，γ_{00}是截距；U_{0j}是模型的随机部分，符合随机分布和均值为 0 的假设，方差为$\tau_0^{2\,[7]}$。

引入的变量仅将截距作为随机项，而斜率未作为随机项处理。也就是说，高层解释变量对被解释变量的影响只表现在平均状况的差异上，并不影响低层解释变量对被解释变量的影响程度。进一步说，地块撂荒概率的平均状况是个随机变量，但地块解释变量前面的斜率是个固定变量，并非随机变量。这类模型成为随机截距的多层次分析模型。

引入两层解释变量后，随机截距的两层模型的形式如下：

$$\text{Logit}\left(\frac{P_{ij}}{1-P_{ij}}\right) = \gamma_{00} + \gamma_{10}x + \gamma_{01}w + U_{0j} \tag{5-11}$$

式中，x 和 w 分别是第一层（地块层）和第二层（农户层）的解释变量。式（5-11）是只包含随机截距的两层模型，前半部分 $\gamma_{00} + \gamma_{10}x + \gamma_{01}w$ 是固定效应部分，而 U_{0j} 是模型的随机部分，符合随机分布和均值为 0 的假设，方差为 τ_0^2。

而随机截距的三层模型是随机截距的两层模型的扩展，它表示为

$$\text{Logit}\left(\frac{P_{ijk}}{1-P_{ijk}}\right) = \gamma_{000} + \gamma_{100}x_{ijk} + \gamma_{010}w_{jk} + \gamma_{001}z_k + R_{0jk} + U_{00k} \tag{5-12}$$

式中，x_{ijk}、w_{jk} 和 z_k 分别是第一层、第二层、第三层的解释变量；γ_{000}、γ_{100}、γ_{010} 和 γ_{001} 都是待估的回归系数；R_{0jk} 和 U_{00k} 分别是第二层、第三层的随机部分。

要确定响应变量中的总体变异有多大比例是由第二层、第三层的差异造成的，就要计算跨级相关[7,8]：

$$\rho_R = \frac{\text{Var}(R_{0jk})}{\text{Var}(R_{0jk}) + \text{Var}(U_{00k}) + \dfrac{\pi^2}{3}} \tag{5-13}$$

$$\rho_U = \frac{\text{Var}(U_{00k})}{\text{Var}(R_{0jk}) + \text{Var}(U_{00k}) + \dfrac{\pi^2}{3}} \tag{5-14}$$

式中，ρ_R 和 ρ_U 分别是第二层、第三层的跨级系数；$\text{Var}(R_{0jk})$ 是第二层的随机截距的方差；$\text{Var}(U_{00k})$ 是第三层的随机截距的方差；$\dfrac{\pi^2}{3}$是第一层的残差，在多层

次线性模型中，也就是 σ^2。

ROC 能够评估模型预测的质量[9]，并可以比较不同的模型对时间预测的程度，从而帮助实验者获取更加精准的数据。

以上描述是解释地块表现为是否撂荒的理论模型的构建过程，其响应变量是地块是否撂荒，耕地撂荒用 $Y=1$ 表示，耕地没发生撂荒用 $Y=0$ 表示。

5.3.2　解释变量的选取与中心化

1. 解释变量的选取

根据调研初步判断，地块的质量、耕作距离、坡度、家庭劳动力资源禀赋以及村庄的海拔等与耕地撂荒有一定的关系，但关系存在一定的不确定性。整理农户调查问卷，进一步将这些因素归纳为三个尺度的解释变量，分别为地块尺度、农户尺度、村庄尺度（表5-3），并根据实际情况选择三个尺度构建所需的各项指标。

表 5-3　耕地撂荒的解释变量选取与统计描述

变量		变量描述	均值	标准差	最小值	最大值
被解释变量（地块尺度 $N=1894$）	耕地是否被撂荒	1＝是，0＝否	0.43	0.5	0	1
解释变量	层次1-地块尺度（$n=1894$）	地块坡度	1＝0°~6°；2＝6°~15°；3＝15°~25°；4＝>25°以上	2.11	1.02	1	4
		土地质量	1＝一等耕地；2＝二等耕地；3＝三等耕地；4＝四等耕地	2.53	0.88	1	4
		耕作距离	地块到经营权所属农户住宅的距离/km	1.39	1.32	0	30
	层次2-农户尺度（$n=323$）	亩均承包耕地的务农劳动人数	每亩承包耕地上家庭务农人数/（人/亩）	0.67	1.05	0	10
		务农劳动力的平均年龄	家庭中务农劳动力的平均年龄/岁	51.93	12.99	18	76
		务农劳动力的平均年龄平方	家庭中务农劳动力的平均年龄平方	2838.69	1461.49	324	5776

变量		变量描述	均值	标准差	最小值	最大值
解释变量	层次2-农户尺度（n=323）	务农劳动力中女性占比	务农劳动力中女性占比/%	0.53	0.28	0	1
		务农劳动力平均受教育水平	务农劳动力平均受教育水平/年	4.34	3.07	0	12
	层次3-村庄尺度（n=37）	平均海拔	村庄的平均海拔/m	763.81	170.55	475	1091
		到县城中心的距离	村庄几何中心到县城中心的距离/km	63.11	40.96	5.4	151.2

资料来源：两次农户调研问卷。

1）地块尺度解释变量的选取

地块坡度、地块质量、耕作距离属于地块尺度的解释变量。通过对调研数据的初步分析，地块坡度越大，耕地撂荒率越高；地块质量越差（地块质量等级的数值越大），耕地撂荒率越高；耕作距离越远，耕地撂荒率越大。也就是说，解释变量的值越大，撂荒概率越高。

2）农户尺度解释变量的选取

农户尺度的解释变量主要是体现在家庭劳动力资源禀赋方面，亩均承包耕地的务农劳动人数对农户耕地撂荒的影响主要是当家庭耕地大于或小于农户家庭劳动力承受能力时，农户会根据实际情况选择耕地利用方式。

年龄过大可能体力不支，年龄过小可能存在经验和管理上的不足，所以家庭务农劳动力年龄过大或过小都可能增加耕地的撂荒率，因此增加务农劳动力的平均年龄平方项来描述这种可能的非线性关系。

由于女性在身体和抗压能力上与男性之间存在差别、女性外出比例较低等，农户家庭中务农劳动力中女性占比可能影响农地的耕种。

务农劳动力平均受教育水平关系到农户认识世界的角度，也可能对耕地利用产生影响。

最终从农户家庭劳动力属性中选取亩均承包耕地的务农劳动人数、务农劳动力的平均年龄、务农劳动力的平均年龄平方、务农劳动力中女性占比和务农劳动力平均受教育水平五个解释变量来对家庭劳动力资源禀赋对耕地撂荒决策的影响进行分析。

3）村庄尺度解释变量的选取

村庄尺度的解释变量主要体现在地块所处村庄的海拔和村庄离县城中心的距

离，也就是说村庄的地理位置可能对整个村庄的耕地撂荒产生影响，但是具体对农户耕地撂荒如何影响和影响程度还有待利用模型进行进一步的验证。村庄的区位条件可能影响耕地资源与劳动力资源的匹配程度出现差异。

由于山区县城所在区域往往是全县平地比例较大、人口较为稠密、经济较为发达的地区，县城周边和距离较远的地区会从不同方面受到影响。相对偏远的山区自然和社会经济条件较差，大量的劳动力从山上向山下转移，可能出现劳动力相对耕地资源过剩的状况；另外，位置偏远的山区可能会因交通的阻隔和封闭状态不容易出现劳动力转移，也可能存在因就业机会太少而表现出更充分的劳动力转移情况。

距县城较近的村庄自然和社会经济条件较好，会吸引距县城较近的农户进城务工，减少务农劳动力，从而加剧耕地撂荒；但是县城周边人口稠密、人均耕地较少，在就业不充分的情况下，基于农户的"乡土情怀"，一部分农户选择在家务农，务农劳动力相对耕地资源有可能偏多。

村庄的平均海拔是根据所调查村庄的行政边界与 DEM 图的叠加，提取村庄的平均海拔得到。山区农村出行以公路为主，所以在选择采样点到县城中心的距离时，以公路为路线进行测量，经过 ArcGIS 提取各采样点地理中心发现，各中心的点并不在人口集聚的位置，因此结合实际，村庄的起始点选择在人数较多的各乡镇街道的中心村，这里村庄到县城中心的距离所指的是中心村到县城几何中心的公路距离。除村庄尺度的村庄的平均海拔和到县城中心的距离，其他变量均来自农户调研数据。

2. 变量中心化

在回归分析的问题中，截距代表当所有变量的值都取零时的因变量的观测值，通常是没有实际意义的。例如，在对耕地撂荒概率的研究中，当所有自变量（如劳动力年龄）等于 0 时没有任何意义。而将变量进行中心化处理，得到的截距是有实际意义的。中心化也就是将解释变量 x 减去其平均数后得到的新值。前人研究发现，总体均值中心化（grand mean centering）能够获得与未中心化（raw metric）等价的结果，同时它还具有算法上的优越性。因为它能够显著降低不同群组之间的随机截距和斜率之间的相关性。在各群组之间的平均值差异显著的情况下使用群组均值中心化（group mean centering）方法比较合适[10]。在耕地撂荒的解释变量中，第一层（地块尺度）解释变量在群组间（农户尺度）的均值差异显著，且第二层（农户尺度）的解释变量在第三层（村庄尺度）上表现出显著的均值差异，因此均选用群组均值中心化方法进行中心化处理。第三层村庄上的解释变量没有更高的群组，未进行中心化处理，保留原值。

5.3.3　耕地撂荒影响因素的回归结果

从空模型开始模拟，之后将地块、农户和村庄三个层次依次添加进来，形成四个模型，即空模型、加入第一层变量的模型、加入第一层和第二层变量的模型、加入三层变量的模型，分别标记为模型 1、模型 2、模型 3 和模型 4。在 HLM6.08 软件平台上完成运行，回归结果如表 5-4 所示。表 5-4 中的数值代表对应变量的标准化估计系数。数值越大，代表变量对于是否撂荒的解释程度越强。

表 5-4　耕地撂荒的多层次回归结果

变量			模型 1	模型 2	模型 3	模型 4
固定效应	层次 1-地块尺度	截距	−0.288 ***	−0.322 ***	−0.326 ***	−1.404 ***
		地块坡度		0.751 ***	0.775 ***	0.781 ***
		土地质量		0.907 ***	0.926 ***	0.933 ***
		耕作距离		0.735 ***	0.735 ***	0.748 ***
	层次 2-农户尺度	亩均承包耕地的务农劳动人数			−0.104 **	−0.102 **
		务农劳动力的平均年龄			−0.025 *	−0.027 *
		务农劳动力的平均年龄平方			0.001 *	0.001 *
		务农劳动力中女性占比			−0.239	−0.221
		务农劳动力平均受教育水平			0.008	0.010
	层次 3-村庄尺度	平均海拔				−0.002
		到县城中心的距离				0.002
随机效应	层次 2	$\mathrm{Var}(R_{0jk})$	0.559 ***	1.699 ***	1.606 ***	1.610 ***
		ρ_R	0.136	0.293	0.281	0.287
	层次 3	$\mathrm{Var}(U_{00k})$	0.272 ***	0.810 ***	0.809 ***	0.705 ***
		ρ_U	0.066	0.140	0.142	0.126
		ROC	0.569	0.740	0.744	0.742

注：表中的数值为对应变量的标准化系数。

代表显著性，、**和***分别代表估计系数在 10%、5% 和 1% 水平上显著。

空模型的结果显示，方差在村庄尺度上显著，表明村际间的耕地撂荒概率均值有显著差异。但是，农户尺度上没有显著的方差差异。另外，从跨级相关系数 ρ_R 和 ρ_U 的计算结果来看，13.6% 和 6.6% 的方差分别被农户尺度和村庄尺度的特征所解释。

模型 2 的回归结果显示，地块尺度的三个解释变量：地块坡度、土地质量和耕作距离，都对耕地撂荒概率有显著影响，并且作用方向为正，说明坡度越大、土地质量越差、耕作距离越远，耕地撂荒的可能性越大。从标准化回归系数来看，土地质量是从地块尺度解释耕地是否撂荒的最关键因素。

模型 3 的回归结果显示，地块尺度上的地块坡度、耕作距离和土地质量的作用程度与未加入农户尺度时一致。农户的亩均承包耕地的务农劳动人数、务农劳动力的平均年龄对耕地撂荒与否有显著影响。亩均承包耕地的务农劳动人数越多，意味着该家庭的务农劳动力相对其拥有的耕地资源来说，劳动力越充足，其承包的耕地撂荒的概率越低。务农劳动力的平均年龄对耕地撂荒的影响为负，但是务农劳动力的平均年龄平方对耕地撂荒的影响为正，这说明务农劳动力的平均年龄对耕地撂荒的影响为非线性的抛物线，并且开口为上。也就是说，家庭务农劳动力的平均年龄过大或过小，都会增加耕地撂荒的概率，可能的原因是年龄太大体力不足，年龄太小经验不足。务农劳动力中女性占比越高，耕地撂荒程度越低，可能是因为在家务农的女性平均年龄要小于男性的平均年龄，抵消了体力上的差距。务农劳动力平均受教育水平对耕地是否撂荒并没有显著影响，影响方向为正，也就是说受教育水平越高，耕地撂荒率越高，可能是因为务农劳动力受教育水平普遍不高，并没有形成相对分化的观念，导致影响不显著，从标准化回归系数的大小比较来看，农户的亩均承包耕地的务农劳动人数是从农户尺度解释耕地是否撂荒的主要因素。

模型 4 把地块、农户和村庄三个层次的变量都加入模型。结果显示，地块尺度和农户尺度的解释变量对撂荒的影响的方向与其他模型一致。村庄尺度上，村庄的平均海拔和到县城中心的距离对耕地撂荒有一定的影响，但并不显著。村庄的海拔估计值为负，说明村庄的平均海拔越高，耕地撂荒越少；到县城中心的距离估计值是正，说明距离县城越远，撂荒越严重。

模型拟合优度 ROC 值是用来评估模型模拟结果优度的值。在没有加入任何解释变量的空模型中，ROC 值为 0.569。加入地块尺度上的土地质量、地块坡度和耕作距离三个变量后的模型 2 中，ROC 值从 0.569 提升到 0.740，说明加入地块尺度的三个解释变量后，能够明显改善模型的预测效果。而模型 3 和模型 4 中分别加入农户尺度的五个变量和村庄尺度的两个变量后，ROC 值分别为 0.744 和 0.742，并没有在模型 2 的基础上有显著改变，这说明农户尺度和村庄尺度解释变量的加入对模型的预测效果并没有显著改善。不过，从模型运行结果来看，农户尺度和村庄尺度解释变量的加入可以解释耕地撂荒的部分原因。

通过分析耕地撂荒的基本特征，判定各个要素对耕地撂荒的影响，并在判定的基础上利用多层线性模型从地块尺度、农户尺度和村庄尺度对耕地撂荒的影响因素进行量化和识别。主要得出如下结论：

（1）农户问卷调查数据的统计结果显示，撂荒随地块坡度、土地质量、耕作距离、家庭劳动力资源禀赋的变化而不断改变。具体来说，地块坡度越大、土地质量越差、耕作距离越远、农户的务农劳动力越少，耕地的撂荒率就越高。

（2）从地块尺度、农户尺度和村庄尺度对耕地撂荒的发生与否进行多层次分析，地块间的差异对撂荒与否的解释程度高达 79.8%，农户间的差异和村庄间的差异对耕地是否撂荒的解释程度分别为 13.6% 和 6.6%。其中，地块坡度、土地质量和耕作距离是地块尺度上影响耕地撂荒的最重要原因。另外，在农户尺度上，亩均承包耕地的务农劳动人数和务农劳动力的平均年龄对耕地撂荒有显著影响。而村庄尺度对耕地撂荒与否没有显著影响。

5.4　本章小结

利用沿河土家族自治县 323 份农户调研数据和空间数据，从耕地地块尺度、农户尺度和村庄尺度三个层面构建多层线性模型，分析各个层面对耕地撂荒与否的影响因素，研究发现，山区耕地属性是耕地是否撂荒的主要影响因素，沿河土家族自治县农户的耕地存在地块较小、坡度较大、质量等级较低、耕作距离较长等问题，导致耕地经营粗放化，甚至撂荒。在被调查的 323 户农户中，有 241 户存在不同程度的耕地撂荒，占总数的 74.61%。利用多层线性模型从地块、农户和村庄三个尺度分别分析影响耕地撂荒的因素，农户尺度和村庄尺度上的差异对地块是否撂荒的解释程度分别为 13.6% 和 6.6%，而地块尺度的特征能解释 79.8%，地块属性是解释耕地撂荒的最主要因素，对农户耕地撂荒与否起到决定性作用。地块属性中的地块坡度、耕作距离和土地质量是解释耕地撂荒的最关键因素。随着贵州省工业化和城镇化的发展，农村劳动力转为非农就业，而放弃劳动生产率低的土地生产活动，耕地边际化现象突出，生态恢复加速，促进了区域森林转型。

参 考 文 献

［1］Raudenbush S W, Bryk A. A hierarchical model for studying school effect ［J］. Sociology of Education, 1986, 59（1）: 1-17.

［2］Raudenbush S, Bryk A, Cheong Y F. HLM 6: hierarchical linear and nonlinear modeling ［J］. Lincolnwood IL Scientific Software International, 2008, 114（100）: 881-886.

［3］Goldstein H, Yang M, Omar R, et al. Meta-analysis using multilevel models with an application to the study of class size effects ［J］. Journal of the Royal Statistical Society: Series C（Applied Statistics）, 2000, 49: 399-412.

［4］张雷, 雷雳, 郭伯良. 多层线性模型应用 ［M］. 北京: 教育科学出版社, 2003.

［5］李秀彬. 土地利用变化的解释 ［J］. 地理科学进展, 2003, 21（3）: 195-203.

［6］田玉军, 李秀彬, 辛良杰, 等. 农业劳动力机会成本上升对农地利用的影响——以宁夏回族自治区为例 ［J］. 自然资源学报, 2009, 24（3）: 369-377.

［7］Snijders T A B, Bosker R. Multilevel Analysis: An Introduction to Basic and Advanced Multilevel Modeling ［M］. New York: Sage Publications, 1999.

［8］Browne W J, Subramanian S V, Jones K, et al. Variance partitioning in multilevel logistic models that exhibit overdispersion ［J］. Journal of the Royal Statistical Society: Series A（Statistics in Society）, 2005, 168: 599-613.

［9］Swets J A. Measuring the accuracy of diagnostic systems ［J］. Science, 1988, 240: 1285-1293.

［10］Raudenbush S W. Hierarchical Linear Models: Applications and Data Analysis Methods ［M］. Thousand Oaks: Sage Publications, 2002.

第 6 章 | 森林转型的未来情景模拟

以国家森林城市遵义市为例，利用地学信息图谱理论分析林地的时空演变特征，揭示森林转型的演变过程，在此基础上，利用 Logistic 回归分析建立元胞自动机（cellular automaton，CA）转换规则，运用 Logistic-CA-Markov 耦合模型对遵义市 2025 年林地空间分布情景进行模拟，旨在为预测区域森林转型态势提供参考。

6.1 研究方法与数据处理

6.1.1 数据来源与处理

遵义市土地利用数据来源于贵州省山地资源与环境遥感应用重点实验室提供的 2000 年、2005 年及 2010 年 3 个时期的 TM 影像解译数据，根据研究需要，划分为 6 种类型，即林地、耕地、建设用地、草地、水域和未利用地；人口、城镇化和第二、第三产业数据来源于《遵义统计年鉴》；30m 分辨率的 DEM 数据从中国科学院资源环境科学与数据中心获得，利用 GIS 获取坡度和地形起伏度；交通数据从 Google Earth 上提取，计算交通密度；采用反距离加权（inverse distance weighted，IDW）法进行空间插值，获得交通密度、人口密度、第二和第三产业比值、人工造林等栅格数据。

将土地利用图谱变化模式概括为前期变化型（仅 2000~2005 年变化）、后期变化型（2005~2010 年变化）、反复变化型（2000~2010 年至少 2 种转化，且 2000 年和 2010 年利用类型相同）、连续变化型（2000~2010 年至少 2 种转化，且 2000 年和 2010 年利用类型不同）、稳定型（2000~2010 年没有变化）五种类型。

6.1.2　Logistic-CA-Markov 模型

目前 LUCC 动态模拟的预测模型很多，常见的有系统动力学模型，如 CA-Markov、元胞自动机和人工神经网络[1]。随着 LUCC 的研究深入，预测模型呈多样化发展趋势：吴健生等[2]构建了土地系统动态模拟（dynamics land system simulation，DLS）模型；张显峰和崔伟宏[3]利用土地利用演化动态模拟与预测模型对城市土地利用演化过程进行预测。Markov 模型是预测事件发生概率的方法，基于 Markov 链，依据事件现状预测将来某一时刻/时期发生变动状况的预测方法[4]。CA 模型是某一时刻的元胞状态依赖其前一时刻的自身和邻居，整体元胞状态据转移规则同时更新，可以较好地模拟各土地利用空间分布格局的演化特征[5,6]。Logistic-CA-Markov 耦合模型综合了 Markov 链的预测优势和 CA 复杂系统的空间变换能力，能从数量和空间两方面进行土地利用变化时空格局模拟，具有较大的科学性和实用性，是 LUCC 模拟土地利用格局预测研究中最常用的方法[7-9]。

本书选用 Logistic-CA-Markov 耦合模型对遵义市 2025 年土地利用空间分布格局进行模拟。对相关土地利用类型预测研究的驱动因素进行归纳，结合数据的可获取性，选取自然环境因子（DEM、坡度、地形起伏度）、社会经济环境因子（人口密度、第二和第三产业比值、城镇化率）、政策因子（人工造林）和距离因子（距城镇中心的距离、道路密度）四方面 9 个参数作为驱动因子（表 6-1）。选取土地利用类型预测的参数越全面、具体，越有助于持续稳定地对土地利用类型的变化施加影响，越能较好地明确各地类的空间分布情况。

表 6-1　Logistic 回归模型驱动因子

自然环境因子	社会经济环境因子	政策因子	距离因子
DEM	第二和第三产业比值	人工造林	距城镇中心的距离
坡度	城镇化率	—	道路密度
地形起伏度	人口密度	—	—

基于 IDRISI 软件中的 Logistic-CA-Markov 模型对土地利用变化的具体预测过程为[9]：

（1）确定预测的转换规则。通过 GIS 叠加分析，时间间隔设置为 10 年，比例误差设置为 0.15，得到 2000～2010 年土地利用类型的转移概率和面积矩阵，参与模拟运算。

（2）构建适宜性图像集。利用 IDRISI 软件提供的 Logistic 对土地利用类型与驱动因子进行分析，构建回归方程，创建土地利用类型的适宜性图像集（.rgf），作为 CA 转化规则的参数。

（3）构造 CA 滤波器。以 CA 标准的 5×5 个邻近滤波器为邻域定义，即每个元胞中心周围 5×5 个元胞组成的空间矩形对该元胞状态的改变有明显影响。

（4）预测精度的检验。对预测模型的精度进行验证，模拟精度达 84.29%，拟合程度好，其模型能够预测 2025 年土地利用类型的变化情况。

（5）确定起始时刻和 CA 循环次数。以 2010 年作为预测的起始时刻，CA 迭代次数取 15，即模拟遵义市 2025 年土地利用类型空间分布情况。

6.2 林地变化的时空格局

6.2.1 林地数量的总体变化

2000～2010 年，遵义市土地利用格局发生了显著变化，森林转型的区域特征显著，林地、草地、建设用地等地类面积增加迅速（表6-2）。10 年间林地、建设用地、草地和水域分别增加 113 033.98hm²、5695.37hm²、33 876.83hm²、1570.21hm²，增长率为 7.46%、14.47%、6.52%、14.83%；耕地面积减少 154 281.37hm²，增长率为-15.96%。未利用地变化不甚显著。

表 6-2 遵义市土地利用类型的面积及其变化

时段	林地/hm²	耕地/hm²	建设用地/hm²	草地/hm²	水域/hm²	未利用地/hm²
2000 年	1 515 099.67	966 977.50	39 356.93	519 342.31	10 586.41	57.53
2010 年	1 628 133.65	812 696.13	45 052.30	553 219.14	12 156.62	57.53
变化量/hm²	113 033.98	-154 281.37	5 695.37	33 876.83	1 570.21	0
增长率/%	7.46	-15.96	14.47	6.52	14.83	0

6.2.2　林地数量变化的空间特征

从土地利用类型的空间变化特征来看，主要体现在林地和草地变化幅度迥异。由表 6-3 可知，2000~2010 年，林地净变化量以绥阳县、赤水市、正安县、桐梓县、习水县为大，净增面积为 13 082.16hm²、12 804.73hm²、12 693.51hm²、10 972.14hm²、10 578.23hm²；凤冈县、道真仡佬族苗族自治县、遵义县、务川仡佬族苗族自治县、湄潭县次之，净增面积为 8538.26hm²、8345.73hm²、7953.91hm²、7110.96hm²、7093.42hm²；仁怀市、余庆县、汇川区、红花岗区净增量最小，净增面积为3854.81hm²、3463.68hm²、3313.24hm²、3229.18hm²。

表 6-3　遵义市县（区、市）林地数量变化　　　　（单位：hm²）

县（区、市）	2000 年	2005 年	2010 年	2000~2010 年
赤水市	124 720.91	131 954.92	137 525.64	12 804.73
道真仡佬族苗族自治县	103 387.09	107 033.28	111 732.82	8 345.73
凤冈县	90 998.33	94 939.93	99 536.59	8 538.26
红花岗区	22 390.23	23 559.71	25 619.41	3 229.18
汇川区	30 932.48	31 740.71	34 245.72	3 313.24
湄潭县	98 042.31	101 898.75	105 135.73	7 093.42
仁怀市	65 256.13	65 747.55	69 110.94	3 854.81
绥阳县	127 099.67	130 776.93	140 181.83	13 082.16
桐梓县	151 300.69	155 409.69	162 272.83	10 972.14
务川仡佬族苗族自治县	159 104.74	161 809.43	166 215.7	7 110.96
习水县	169 741.61	178 281.88	180 319.84	10 578.23
余庆县	96 583.8	99 197.3	100 047.48	3 463.68
正安县	103 004.26	107 684.42	115 697.77	12 693.51
遵义县	172 537.43	176 903.53	180 491.34	7 953.91

6.2.3　林地流向的土地利用图谱

为了探讨各土地利用类型间的空间移动特征，基于三期土地利用现状分类图，利用 GIS 空间分析工具对不同时期的土地利用进行叠加分析，由此获得不同地类间的空间演变流向图（图6-1）。总体来看，全市林地的流入主要是耕地，耕地有 115 009.12hm² 转为林地。林地的流向主要是水域和建设用地，有 1404.35hm² 和 509.14hm² 的林地流向水域和建设用地。

图6-1 2000～2010年林地变化流向

为了更好地揭示土地利用内部的转化特征，本书引入信息图谱法。由表6-4可以得知：①稳定型图谱单元占总面积的94.88%，面积为 2 894 991.63hm²，散布于整个研究区域，林地→林地→林地为该图谱类型中变化较大的模式，面积为 1 513 112.05hm²，占稳定型图谱面积的52.27%，耕地→耕地→耕地次之，面积为 812 695.03hm²，占稳定型图谱面积的28.07%。②后期变化型占总面积的2.49%，面积为 75 920.23hm²，耕地→耕地→林地、耕地→耕地→草地是面积变化最大的图谱，占图谱总面积的69.59%、23.12%，很大程度上得益于退耕还林还草工程的实施，使不宜耕作的土地资源基本被流转为林草地，生态环境得到改善；其次是耕地→耕地→建设用地，面积为 3450.49hm²，说明区域经济快速发展和城镇化加速背景下，建设占用耕地规模大。③反复变化型面积为 5.98hm²，占比最小，其面积变化最大图谱是耕地→草地→耕地，面积为 0.76hm²，其次是耕地→建设用地→耕地，这可能与耕地占补平衡有关，开发草地资源来补充耕地数量。④耕地→林地→林地是前期变化型面积最大的图谱，面积为 51 855.59hm²，其次是耕地→建设用地→建设用地，面积为 1610.79hm²，占图谱面积的 2.30%，表明建设用地来源主要是耕地。⑤连续变化型面积占总图谱面积的 0.34%，耕地→草地→林地为面积变化最大的图谱，面积为 8314.39hm²，占图谱面积的 80.60%，紧跟其后的是未利用地→林地→耕地。

表6-4 遵义市林地流向的土地利用变化图谱统计

图谱类型	图谱单元面积 /hm²	图谱单元占总面积比例/%	图谱中最大变化类	
			最大图谱演变类型	图谱面积/hm²
前期变化型	70 081.4	2.29	Ⅱ→Ⅰ→Ⅰ	51 855.59
后期变化型	75 920.23	2.49	Ⅱ→Ⅱ→Ⅰ	52 834.44
反复变化型	5.98	0	Ⅱ→Ⅳ→Ⅱ	0.76
连续变化型	10 316.14	0.34	Ⅱ→Ⅳ→Ⅰ	8 314.39
稳定型	2 894 991.63	94.88	Ⅰ→Ⅰ→Ⅰ	1 513 112.05

6.3 2025 年森林转型趋势模拟

通过 Logistic 回归模型得到的分布适宜性图像集作为 CA 的转换规则，利用 IDRISI 软件中的 CA-Markov 模块模拟遵义市土地利用变化。预测模拟以三期土地利用数据为基础，以 2000 年和 2005 年数据来预测 2010 年土地利用情景变化情况，通过预测结果与 2010 年实际情况进行对比及精度校正，借助 GIS 空间分析的功能，采用 Create Random Points 生成随机样点，并随机抽取 700 个样点，对预测模型的精度进行验证，并获取 590 个正确的样点数据，其模拟精度达到 84.29%，模拟结果的 Kappa 系数达 0.8472，其拟合程度较好，说明模拟数据能较好地表达不同地类间的相互转化趋势，因此，该模型能够预测研究区 2025 年土地利用空间分布情景模拟的变化情况。

以 2010 年土地利用类型分布为起始状态，输入 Logistic 创建的土地利用适宜性图像集，CA 的循环次数为 15，结合 Logistic-CA-Markov 耦合模型对遵义市 2025 年土地利用类型的变化进行预测，进而得到研究区 2025 年的土地利用类型的预测图（图6-2）。

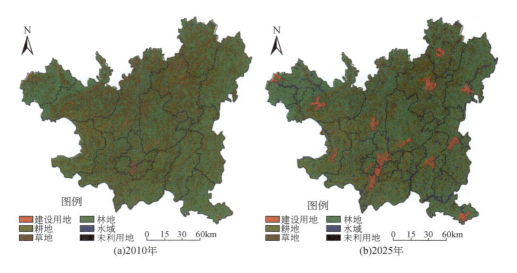

图 6-2　2010 年土地利用现状及 2025 年土地利用格局模拟结果

　　根据预测，2025 年研究区域的林地、耕地、建设用地、草地和水域的面积分别为 1 779 258.61hm²、410 503.81hm²、54 468.91hm²、788 435.51hm² 和 18 624.71hm²，由 2010 年的 53.36%、26.63%、1.48%、18.13%、0.40% 变成了 2025 年的 58.31%、13.45%、1.79%、25.84% 和 0.61%。2010~2025 年模拟的土地利用态势与 2000~2010 年的变化态势相同，林地、建设用地、草地和水域增加，耕地减少。预测的 15 年间耕地和未利用地减少了 402 192.32hm² 和 33.71hm²，耕地资源持续减少，林地、建设用地、草地和水域增加了 151 124.96hm²、9416.61hm²、235 216.37hm² 和 6468.09hm²，占增加幅度的 18.79%、1.17%、29.24% 和 0.81%，表明未来 15 年间林地、草地和建设用地规模增加趋势仍显著，耕地→林地、耕地→建设用地、林地→建设用地和耕地→草地是其主要的转化类型。未来城镇化加速发展时期，应避免占用林地等生态用地，促进区域森林转型。

6.4　研　究　小　结

　　借助地学信息图谱理论对 2000~2010 年遵义市的森林转型时空格局进行分析，在此基础上，利用 Logistic-CA-Markov 耦合模型对研究区 2025 年林地空间分布格局进行模拟，发现 10 年间遵义市耕地大幅度减少，林地、建设用地、草地和水域增加；林地数量共增加 113 033.98hm^2，较 2000 年增长 7.46%。林地净增量以绥阳县、赤水市、正安县、桐梓县、习水县为大，仁怀市、余庆县、汇川区、红花岗区净增量最小。林地流向的土地利用图谱变化以稳定型和后期变化型为主，稳定型以林地→林地的土地利用基本保持不变，前期、后期和连续变化型则是耕地→林地转化为主要类型，反复变化型是以草地→耕地转化为特征。利用 Logistic-CA-Markov 耦合模型对 2025 年土地利用格局的空间分布情景进行模拟，模拟结果的 Kappa 系数达 0.8472，结果显示，未来 15 年森林转型仍将继续，其转型速度趋缓。

参 考 文 献

[1] 邢容容，马安青，张小伟，等. 基于 Logistic-CA-Markov 模型的青岛市土地利用变化动态模拟 [J]. 水土保持研究，2014，21 (6)：111-114.

[2] 吴健生，冯喆，高阳，等. 基于 DLS 模型的城市土地政策生态效应研究——以深圳市为例 [J]. 地理学报，2014，69 (11)：1673-1682.

[3] 张显峰，崔伟宏. 集成 GIS 和细胞自动机模型进行地理时空过程模拟与预测的新方法 [J]. 测绘学报，2001，2：148-155.

[4] 马士彬，张勇荣，安裕伦. 基于 Logistic-CA-Markov 模型的石漠化空间变化规律研究 [J]. 中国岩溶，2015，6：591-598.

[5] 王友生，余新晓，贺康宁，等. 基于 CA-Markov 模型的籍河流域土地利用变化动态模拟 [J]. 农业工程学报，2011，27 (12)：330-336.

[6] 汪佳莉，吴国平，范庆亚，等. 基于 CA-Markov 模型的山东省临沂市土地利用格局变化研究及预测 [J]. 水土保持研究，2015，1：212-216.

[7] 刘淑燕，余新晓，李庆云，等. 基于 CA-Markov 模型的黄土丘陵区土地利用变化 [J]. 农业工程学报，2010，26 (11)：297-303.

[8] 何丹，金凤君，周璟. 基于 Logistic-CA-Markov 的土地利用景观格局变化：以京津冀都市圈为例 [J]. 地理科学，2011，8：903-910.

[9] 龚文峰，袁力，范文义. 基于 CA-Markov 的哈尔滨市土地利用变化及预测 [J]. 农业工程学报，2012，14：216-222.

第7章 │ 结论与展望

7.1 研究结论

本书以贵州省林地作为研究对象，借助空间信息学、农户经济学、数理统计学、土地经济学等理论与方法，对贵州遵义市、沿河土家族自治县等县市开展野外调研，获取560余户农户土地利用数据，收集大量社会经济统计数据和土地利用规划数据库等资料，对贵州岩溶山区森林转型时空演变特征、森林转型的驱动因素（宏观社会经济层面和微观农户土地利用层面）进行了研究。结论如下：

（1）1975～2017年，贵州省森林转型呈现出U形曲线的形态，森林转型拐点为1984年。前一阶段森林面积从1975年的256.00万 hm² 减少到1984年的222.06万 hm²，导致森林覆盖率从14.50%减少到12.58%；后一阶段森林由萎缩转向扩张，从1984年的222.06万 hm² 快速增长到2015年的771.00万 hm²，同时森林覆盖率从12.58%上升到43.77%。

（2）2000～2020年，林地呈扩张趋势，景观面积明显增大，但细碎化程度变高，形状趋于复杂，表明受到人类活动的干扰增强。2000～2020年，林地的流入量大于流出量。林地的流入主要源于耕地、草地，但程度趋于减弱，流出主要转为建设用地，程度趋于增强。在空间上，林地→耕地分布广泛，林地→草地集中分布在贵州西部，林地→建设用地主要集中在贵州中部。全省林地变化以前期变化型为主，稳定型次之，后期变化、反复和持续变化型图谱单元所占比例较小。坡度>35°的区域属于林地的优势分布区，林地面积达到12 297.19km²，坡度<5°分布的林地面积最狭窄，林地面积仅3476.25km²。随着坡度的增加，林地面积逐步扩大。海拔1000～1500m是林地的优势分布区，面积49 124.94km²。

（3）贵州经济林种植、人工造林等森林短缺路径对森林面积增长起着重要的驱动作用，但未来经济增长路径作用将越来越大，人口城乡迁移及其造成的农地边际化过程，对森林转型的驱动作用将更加重要。加快城镇化、城市经济发展是推动遵义市森林转型的有效路径。遵义市空间形态转型和功能形态转型 Global Moran's *I* 分别为 0.0336、0.2323，表明森林空间形态和功能形态在空间分布上体现出显著的正相关性，空间集聚特征显著。森林的空间形态转型和功能形态转型均受城镇化率与第二和第三产业比值影响效用最大，区域城镇化与工业化发展是驱动森林转型的主要因素，凸显了经济增长在山区森林转型过程中所发挥的积极作用。黔桂岩溶山区生态建设应从促进森林面积空间扩张为主向提升森林质量的内涵建设为主转型。年均降水量、年均温度、到最近河流的距离、到最近农村居民点的距离、地形起伏度和坡度 6 个影响因素对森林空间形态转型的贡献率最大。森林功能形态转型受自然和社会经济因素交互作用的影响，年均温度、夜间灯光亮度、海拔和年均降水量是森林功能形态转型最重要的控制因素。

（4）提取竹林使用 Landsat、Sentinel-1 组合分类结果优于单独使用 Landsat 数据。在 SVM 方法下，融合数据整体分类精度相对光学数据提高约 3 个百分点，Kappa 系数提高约 4 个百分点。赤水市竹林扩张幅度大、速率快。1993 年竹林地面积为 502.48km²，占全市土地总面积的 27.13%，到 2015 年增加至 911.02km²，占全市土地总面积的 49.19%，22 年间净增量 408.54km²，竹林扩张所占用的土地主要来源于其他林地和农田。竹林地扩张存在明显的区域差异，竹林扩张受生产要素市场、土地产品市场及政策法规因素的综合驱动，其中政策法规因素、劳动力因素和经济因素在竹林扩张占地中起主要作用，在劳动力由富余转为相对缺乏的情况下，农户为提高自身经济收益，倾向选择耗工少，种植相对粗放，劳动生产率较高的竹子，这从经济层面上解释了近年来赤水市竹林地的扩张现象，区域森林转型明显。

（5）利用沿河土家族自治县 323 份农户调研数据和空间数据，从耕地地块尺度、农户尺度和村庄尺度三个层面构建多层线性模型，分析各个层面对耕地撂荒与否的影响因素，研究发现，山区耕地属性是耕地撂荒与否的主要影响因素，沿河土家族自治县农户的耕地存在地块较小、坡度较大、质量等级较低、耕作距离较长等问题，导致耕地经营粗放化，甚至撂荒。在被调查的 323 户农户中，有 241 户存在不同程度的耕地撂荒，占总数的 74.61%。利用多层线性模型从地块、农户和村庄三个尺度分别分析影响耕地撂荒的因素，农户尺度和村庄尺度上的差异对地块是否撂荒的解释程度分别为 13.6% 和 6.6%，而地块尺度的特征能解释 79.8%，地块属性是解释耕地撂荒的最主要因素，对农户耕地撂荒与否起到决定性作用。地块属性中的地块坡度、耕作距离和土地质量是解释耕地撂荒的最关键因素。随着贵州省工业化和城镇化的发展，农村劳动力析出从事非农就业，而放弃劳动生产率低的土地生产活动，耕地边际化现象突出，生态恢复加速，促进了区域森林转型。

（6）借助地学信息图谱理论对 2000～2010 年遵义市的森林转型时空格局进行分析，在此基础上利用 Logistic-CA-Markov 耦合模型对研究区 2025 年林地空间分布格局进行模拟，发现 10 年间遵义市耕地大幅度减少，林地、建设用地、草地和水域增加；林地数量共增加 113 033.98hm²，较 2000 年增长 7.46%。林地净增量以绥阳县、赤水市、正安县、桐梓县、习水县为大，仁怀市、余庆县、汇川区、红花岗区净增量最小。林地流向的土地利用图谱变化以稳定型和后期变化型为主，稳定型以林地→林地的土地利用基本保持不变，前期、后期和连续变化型则是耕地→林地转化为主要类型，反复变化型是以草地→耕地转化为特征。利用 Logistic-CA-Markov 耦合模型对 2025 年土地利用格局的空间分布情景进行模拟，模拟结果的 Kappa 系数达 0.8472，结果显示，未来 15 年森林转型仍将继续，其转型速度趋缓。

森林转型对乡村植被恢复、景观优化乃至生态宜居环境建设都具有积极作用，进一步优化了农村产业结构，促进了乡村旅游、农产品深加工等高附加值产业发展，提高了乡村经济效益和农民收入水平。森林转型发展路径体现了岩溶山区绿色发展的内在要求，是山区生态屏障建设的重要支撑，森林转型将促进乡村振兴战略的实施和农业农村现代化，也将促进贵州国家生态文明示范区建设。

7.2　政　策　启　示

经济发展、城镇化水平提高是推动区域森林转型的有效路径。未来应继续提高贵州城镇化水平、承载能力和工业集中度，促进山地特色高效农林业的发展，推进"山水林田湖草沙"系统治理，达到促进山区经济发展和森林恢复双赢的目的，助力建设"百姓富、生态美"多彩贵州新未来。

1）增加贵阳"环高"城市经济圈人口规模，降低石漠化耕地人口压力

21 世纪贵州进入了城镇化加速时期，人口城乡迁移规模大，经历了林草地面积扩张而耕地面积收缩的"森林转型"。这一转型的主要原因是输出劳动力的农村地区，特别是边远山区，由于人口的减少和农业活动强度的降低，土地资源所承受的压力下降，生态状况逐步改善，经济发展与生态状况通过人口城镇化呈现"双赢"的局面。工业和城市部门的发展带动劳动力价格上升，不断上涨的务农劳动力机会成本传导到农业土地利用，使难以借助机械化实现劳动力替代的山区发生农地弃耕，进而促使以林地和草地为代表的自然生态用地扩张，即森林转型，是近来贵州经济与生态"双赢"局面形成的根本机制，也有利于石漠化耕地的生态恢复。因此，贵州应抢抓《国务院关于支持贵州在新时代西部大开发上闯新路的意见》（国发〔2022〕2号）文件的机遇，以贵阳"外环高速公路"城市经济圈为重点，提高城市人口承载能力，加快推进山地城镇化，提高全省城镇化水平，降低偏远山区石漠化土地人口压力，努力实现贵州百姓富、生态美的目标。

2）设立黔中飞地型工业园区，统筹贵阳贵安、省域腹地发展

提高贵阳贵安人口产业承载能力，统筹协调山区坝区国土开发保护，是实现贵州社会生态系统有序发展亟须解决的关键问题。根据黔中丘原区（坝区）重点开发——环黔山区带（山区）生态保护的国土开发特征和定位，引导贵州区位偏远、人口规模小、自然资源禀赋差和生态地位重要的山区县在黔中丘原区贵阳贵安设立黔中飞地型工业园区，探索建立贵阳贵安与山区县共建共享的工业经济发展新模式，为欠发达的山区县与经济发达的贵阳贵安在保护生态和发展经济上实现双赢，也为贵州提高工业经济集中度和发展水平、贵阳贵安深度参与区域经济竞争、"强省会"战略实施开辟了更为广阔的发展空间。

3）提高农产品商品化率，大力发展山地特色高效农林业

在面对工业化和城镇化所带来的劳动力价格上升的压力下，不易实现机械化的山区坡耕地的退耕以及由此带来的传统种植业在空间上的收缩，难以避免，山区传统种植业在与森林竞争土地资源的过程中失去优势，同时山区边际坡耕地上传统种植业，还面临来自平原区优质农耕地种植业的竞争。考虑到城镇化背景下农业劳动力供给的形势不容乐观，山区种植粮食作物的耕地撂荒等边际化过程将会越来越普遍。因此，我们在经济发展与人口城镇化进程中，在劳动力成本持续上升的形势下，应坚持大食物观的理念，加快推进农业结构调整，发展劳动生产率高、效益好、商品化程度高，兼具生态功能的山地特色农林业，同时切实加强农业科技投入，不断提高山地农林产品品牌化发展水平和生产效益，促进岩溶山区农林业高质量发展，助力贵州建设"巩固拓展脱贫攻坚成果样板区"。

4）统筹"山水林田湖草沙"系统治理，实现生态治理一体化

为推进喀斯特地区绿色发展，促进人与自然和谐共生，应坚持产业生态化与生态产业化原则，产业生态化和生态产业化是经济高质量发展和生态环境高水平保护深度融合、协同推进的重要体现。根据喀斯特地区的自然地理特征和经济社会条件，科学评估生态修复措施的适宜性，因地制宜地确定适合喀斯特山区自然地域条件的生态修复方式，统筹配置山水林田湖草沙修复措施，不仅要促进岩溶山区森林空间形态和功能形态转型，提高喀斯特山区的"绿度"，还要提高喀斯特山区生态系统服务供给能力和品质，最终提升区域生态系统质量、稳定性和可持续性。

7.3 研究展望

近年来贵州岩溶山区人地矛盾缓和，生态得到一定恢复，贵州省森林覆盖率逐步上升到2020年的61.5%。但全省石漠化土地3705.39万亩，占全国石漠化土地面积的24.53%，是全国石漠化土地面积最大的省份。其中，根据《贵州省第三次全国国土调查主要数据公报》，全省石漠化耕地共20.89万 hm^2。贵州省石漠化耕地规模大，在新时代仍然需要科学推进石漠化治理。在"绿水青山就是金山银山""统筹山水林田湖草沙系统治理""深入实施山水林田湖草一体化生态保护和修复"等习近平生态文明思想引领新时代生态文明建设下，岩溶山区森林转型研究要进一步关注森林转型的环境效应，加强岩溶山区森林恢复的水土气生过程监测、评估和模拟，更好地支撑我国岩溶山区国土空间生态保护修复与生态系统碳汇等重大问题和基础研究。

附录 农户调查表

农户调查表

编号：

调查地点：_____县_____镇（乡）_____村_____组（屯）

调查时间：_____年____月____日　　调查人员：_____

户主姓名：_____，被调查者信息：与户主关系：_____；

职业：_____；性别：_____；年龄：_____；教育程度：_____

一、家庭基本情况

（1）家庭总人口：_____人

（2）生活能源主要来源比例：①柴草_____，②煤_____，③燃气_____，④其他_____

（3）农用机械设备：打米机____台，玉米脱粒机____台，微耕机_____台，小型水泵_____，其他_____

（4）家庭电器拥有情况：冰箱　彩电　太阳能　电话　洗衣机　空调　电磁炉　电脑　其他（备注）

（5）家庭交通工具拥有情况：自行车　摩托车或电瓶车　三轮车　面包车　小轿车　卡车或大货车

（6）家庭成员或亲戚是否有人担任村镇或政府公职人员？①是　　②否

（7）家庭房屋类型：①混凝土房　　②砖瓦房　　③砖木房　　④土木房

（8）房屋面积：①10间以上　　②8～10间　　③5～7间　　④4间及以下

二、家庭收支概况

项目	收入/元	项目	消费/元
年总收入		年总支出	
农业收入		生活支出	
畜牧业收入		生产支出	
水产养殖		教育支出（必填）	
在家非农务工收入		医疗支出（必填）	
外出打工毛收入		婚丧嫁娶支出（必填）	
创业做生意收入（必填）		其他消费	
退耕补贴			
种粮补贴			
其他收入			

注：除必填项外，其他项目可以通过计算获得。

三、土地资源特征调查

（一）土地资源概况

项目	总种植面积	其中：田	其中：土	集体承包	租入	租出	退耕还林	道路绿地占用
面积/亩								

（二）地块特征调查

地块编号	地块面积/亩	农地类型 1田；2土（旱地）	坡度 ①0°~6°；②6°~15°；③15°~25°；④>25°	地形 1平地；2梯田；3坡地	土壤类型 1壤；2砂；3黏	土地等级 1优；2良；3中；4差	距家远近/km	步行时间/min	摩托耗时/min	种植作物	土地流转？1a租入；b租出；2否	每亩流转租金/（元/亩）	是否撂荒 1是；2否	撂荒年限	撂荒原因？1劳动力短缺；2距离远；3劳等地；4野猪吃	是否退耕？1a退耕；b道路占用；2否	退耕/种粮补贴/（元/亩）
撂荒地块											2	—	1			2	—
											2	—	1			2	—
											2	—	1			2	—
退耕道路占用											2	—	2	—	—	2	—
											2	—	2	—	—	2	—
											2	—	2	—	—	2	—
流转地块												—	2	—	—	2	—
												—	2	—	—	2	—
												—	2	—	—	2	—

续表

地块编号	地块面积/亩	农地类型 1田; 2土 (旱地)	坡度 ①0°~6°; ②6°~15°; ③15°~25°; ④>25°	地形 1平地; 2梯田; 3坡地	土壤类型 1壤; 2砂; 3黏	土地等级 1优; 2良; 3中; 4差	距家远近/km	步行时间/min	摩托耗时/min	种植作物	土地流转? 1a租入; b租出; 2否	每亩流转租金/(元/亩)	是否撂荒 1是; 2否	撂荒年限	撂荒原因? 1劳动力短缺; 2距离远; 3劣等地; 4野猪吃	是否退耕? 1a退耕; b道路占用; 2否	退耕/种粮补贴/(元/亩)	其他
自家种植地块											2	—	2	—	—	2		
											2	—	2	—	—	2		
											2	—	2	—	—	2		
											2	—	2	—	—	2		

四、生产资料投入及作物产出统计

(一) 主要生产资料的价格明细

项目	除草剂	灭虫剂	复合肥	高效复合肥	尿素	磷肥	地膜	其他
用量(瓶;袋;斤①)								
单价/(元/瓶;元/袋;元/斤)								

① 1斤=500g。

（二）分农作物的投入产出统计

| 作物 | 产出 | | 市场购销 | | 种子投入 | | 除草剂 | 灭虫剂 | 化肥投入 | | | | 地膜投入 |
	总播面积 /亩	总产 /斤	购买+，销售- /斤	价格 /(元/斤)	数量 /斤	价格 /(元/斤)	数量 /瓶	数量 /瓶	类型 代码	用量 /斤	类型 代码	用量 /斤	数量 /斤
水稻													
玉米													
小麦													
油菜													
烟叶													
油菜													
黄豆													
蔬菜													
红薯													
马铃薯													
药材													

注：①各项投入指标均为该种作物总播种面积下的总投入，并不是亩均投入。
②化肥代码：1-复合肥；2-高效复合肥；3-磷肥；4-尿素；5-其他（注明具体类型和价格）。

五、主要农作物劳动力投入

作物名称	犁地		播种/插秧		农家肥			收割			脱粒	晾晒/烘烤	雇工	其他工序
	1 牛; 2 机械; 3 人力	时间 /工日	租金	人数	天数 /工日	用量	人数	天数 /工日	人数	天数 /工日	1 人工; 2 机器	天数 /工日	天数 /工日	工资 /元
水稻														
玉米														
小麦														
油菜														
烟叶														
油菜														
黄豆														
蔬菜														
红薯														
马铃薯														
药材														

注: 各项指标均为该种作物总播种面积下的总劳动投入, 不是亩均劳动投入。

六、林果投入产出调查（若耕地种经济林果或树苗，投入产出请填写此表）

林果类型	种植面积/亩	产出		亩产收益(总收益)/(元/亩)	树苗价格/(元/棵)	树苗密度/(棵/亩)	生产资料投入					劳动投入	
		亩产/(斤/亩)	价格近三年平均/(元/斤)				农药每年几次	农药每次花费	施肥每年几次	施肥每次花费	其他花费	主要劳动集中月份	平均年投入劳动日
李子													
桃树													
梨													
核桃													

七、畜禽养殖投入产出概况

种类	去年养殖数量/头	卖出头数/头	成品重量/斤	卖价/(元/斤)	每头收入/元	种畜价格/(元/斤)	购买饲料		牛饲料	
							总数量/袋	单价/(元/袋)	每日消费数量	每日割草时间/h
牛							—	—	青草：__斤	
							—	—	干草：__斤	
猪										
羊										
鸡										
鸭										
鱼										

八、家庭人口与劳动力配置

家庭成员序号	1	2	3	4	5	6	7	8	9
与户主关系									
性别									
民族									
年龄（周岁）									
上过几年学？									
是否家庭农业主要经营者？									
务农时间？/月									
务工时间？/月									
务工类型									
务工收入（元/月）									
务工在外费用（元/月）									
务工地点									
是否建房及建房时间、地点？									
是否买房及买房时间、地点？									
建房或买房开支/万元									
是否搬迁（发生搬迁写搬迁时间、迁出地、迁入地名称）？									

续表

家庭成员序号	1	2	3	4	5	6	7	8	9
搬迁原因									
对土地或坡耕地是否愿意退耕还林？(1 是　2 否)									
是否具有专业技能？(1 是　2 否)									
是否想迁移进城居住？(1 是　2 否)									
外出就业信息来源（1 亲戚朋友介绍　2 政府组织　3 自己寻找）									

填写说明：1-与户主关系：1-户主，2-配偶，3-子女或其配偶，4-孙子女，5-父母，6-祖父母，7-兄弟姐妹，8-其他亲属，9-非亲属；

2-性别：1-男，2-女；

3-是否家庭主要经营者：1-是，2-否；

4-外出从业类型：1-工业，2-建筑业，3-交通运输业，4-批发和零售业，5-住宿餐饮业，6-美容美发员，7-家政服务员，8-其他；

5-外出从业费用包括交通费、食宿费等，此处折合为每月费用，年费用应当折合为每月费用，此处应当与农户提供的大概数据吻合；

6-外出从业地点（最好注明具体地名）：1-本乡，2-本县，3-本省城，4-本省其他城市，5-外省，6-境外；

7-建房或买房地点（最好注明具体地名）：1-本村，2-乡镇，3-县城，4-本省城，5-本省其他城市，6-外省，7-境外；

8-搬迁原因：原居住地1-交通不便，2-土地质量差，3-医疗不便，4-学校撤销或教育质量差，5-没有自来水，6-偏远，7-其他原因。